第一章
火红的旗帜

1 国旗“海选”

同学们，你们每个人都见过各式各样的旗帜吧？但你们不一定清楚，旗帜最初是怎么产生的。

旗帜最初出现是在原始社会的后期。那时，原始部落逐渐扩大，在围猎、迁移，特别是部落和部落之间打仗的时候，因为人多队伍大，要加强部落内部的联系，就需要有一种信号或者标志。于是，祖先们就在树干或长树枝上绑一个东西，这就是最初的旗帜。到了奴隶社会，旗帜就用来作为城邦的标志；到了近代，旗帜又普遍地用来作为国家的象征。一个国家建立后，它的国旗，就是国家或民族独立的一种标志。国旗采用不同的式样、颜色和图案，来体现不同的含义。一个国家如果没有自己的国旗，在一些国际性的场合会有失自己的尊严。

1949年，新中国成立前夕，各项筹建工作都在紧张而有序地进行着。全党、全国人民都在想着同一个问题：用一面什么样的旗帜来作为新中国的象征呢？

1949年6月15日，中国人民政治协商会议筹备会在北平（现在的北京）召开了。筹备会决定在常委会下设六个小组，由第六小组负责研究并提出国旗、国徽、国歌的方案。第六小组决定以新政协的名义，向全国公开发布启事，征集国旗的设计方案。

7月15日至26日，《人民日报》《北平解放报》《新民报》《光明日报》等各大报纸连续多日刊登了征集启事。启事提出了制作国旗的原则和注意事项，并规定8月20日为截止日期。国内一些报纸及海外华侨报纸也纷纷转载。

启事一经发出，举国上下顿时掀起了热浪，短短一个月里，第六小组就收到国旗设计图案2992幅。投稿人中有高级干部、将军、著名艺术家、学者，也有普通的工人、农民、战士、学生，甚至小学生。总司令朱德和大文豪郭沫若、著名诗人艾青都亲自设计了国旗图案。一些在暂未解放地区的爱国人士，也通过新华社香港分社或当地邮局寄来了稿件。

在世界各地，千千万万侨居异国的中华儿女把他们对祖国获得新生的无限喜悦和对祖国未来的美好憧憬融入了彩笔，精心绘制出一幅幅国旗图案，漂洋过海寄到北平。

民心所向，众望所归。2992幅国旗设计图案，体现着全国人民对新中国的拥护。在全国人民对国旗表现出的巨大热情中，世界也看到了一个饱经苦难的民族正张开双臂迎接光明的到来。

2 五星红旗的诞生

这么多的稿件可把工作人员忙坏了。

他们夜以继日，把来稿一一登记造册，又进行了分类整理。第六小组和国旗初评委员会的成员认真审阅和反复研究这2992幅图案，从中选出了38幅图案编上号，并附上解说词,编印成一册《国旗图案参考资料》,准备提交政协第一届全体会议讨论。为了避免评选时带偏见,图案上都没有标注作者的姓名。

经过多次讨论,第六小组的注意力逐渐集中到了第11号和第17号图案上。这两幅图案都有一颗大五角星,第11号图案旗面上三分之一的幅面为白色;第17号图案为红地,上面绘有一条黄线,代表黄河。

9月23日,政协第一届全体会议分十一个小组讨论国旗、国徽、国歌等方案。大家也都比较倾向第17号方案。这时,有人提出了反对意见。考虑到当时南方一些地方还没有解放,反对者说,红地国旗代表着国家和革命,中间一条线,是否意味着南北分家?毛泽东同志原本也是同意第17号方案的,但他觉得这个意见有道理。他说:"这个方案(指第17号方案)通过是没有问题的。但是这样不够圆满,我们一定要选取一幅让全体同志一致通过的才好。"

38幅图案中,有一幅几乎已经被淘汰,它的编号是32。文学家,也是国歌的词作者田汉几次从这幅图案前走过,又几次恋恋不舍地转身回去端详。

这是一面红旗，旗面左上方缀有五颗五角星，一颗大，四颗小，小五角星环拱在大五角星的右侧，每颗小五角星都有一个尖角正对着大五角星的中心点。大五角星的中央，还绘有镰刀、锤头的图案。

田汉觉得自己心目中的国旗就应该是这样的。他举起了这张薄薄的纸，大声地对毛泽东说："这是一幅很理想的画面，如果不要上面的镰刀、锤头，效果可能会更好。"

毛泽东接过画稿，眼睛一亮："这张不错。镰刀、锤头可以去掉。"

再坐下来时，大家终于取得了比较一致的意见，同意选五星红旗为我们的国旗。大家都说这个方案好，反映了中国革命的实际，表现了我们革命人民的大团结。中国革命的胜利就是在中国共产党的领导下，以工农联盟为基础，团结了小资产阶级、民族资产阶级共同斗争取得的，这是中国革命历史的事实。今后我们还要团结在一起，共同进行社会主义革命。

9月27日，五星红旗的图案被参会人高高举起的手臂热烈地接受了。政协会议的闭幕式上，主席台的一侧走出三位军人，他们向全体与会者展示了一面特制的五星红旗。

这是五星红旗第一次亮相，顿时满台生辉，全场掌声雷动，经久不息。

中华人民共和国的国旗——五星红旗，就这样诞生了。

3 一个普通青年的倾心之作

曾联松是在上海《解放日报》上看到征集国旗图案的启事的，他一口气看了十几遍，一颗年轻的心再也无法平静了。他立即决定，要全身心地投入这项具有伟大历史意义的设计中去。

他是浙江瑞安人，少年时酷爱书画，写得一笔好字。但他所生的年代，祖国正在受难，山河破碎，人民生活贫困落后。他毅然放弃自己的爱好，去攻读理工课程，立志走科学救国的道路。但他美好的愿望在旧中国根本无法实现，他又改学了经济。他参加过抵制日货的宣传,参加过进步学生的集会游行,后来在党的指引下,一步步走上了革命的道路。

1949年春,曾联松正在上海地下党领导的据点工作。5月,他和上海人民一道,无比欢欣地迎来了上海的解放。他不是艺术家,也从来没有做过美术设计,他决心要参加这项设计,是出自一种欢呼新中国诞生的喜悦、一种热切爱国的激情。

上海的7月,正是最热的酷暑季节。为了设计国旗,曾联松不顾汗流浃背、蚊虫叮咬,夜以继日,伏案描绘,如痴如醉。他前后设计了十几个图案,但都觉得不满意。一天深夜,他一边思考着国旗图案,一边漫步街头,望着满天的星星,他猛地想起了歌曲《东方红》里的一句歌词:"他为人民谋幸福,他是人民的大救星……"

他想:把星星放在旗面上怎么样?

他三步并作两步跑回了房间。一个灵感,一连串的联想,引出了一个新的构思:用一颗中间绘有镰刀、锤头的大五角星象征中国共产党,周围再加几颗代表中国民众的小五角星，表示中国人民紧密团结在中国共产党的周围，在党的领导下走向胜利。

接下来，他又进一步思考起许多细节。

象征中国民众的五角星应该有几颗？

他联想到我们祖国自有文字以来的四千年历史，联想起刚刚读完的毛泽东的《论人民民主专政》里指出的人民包含四个阶级，他决定用四颗小五角星来代表中国人民。

星星数确定了，该如何布局？

为此，曾联松又熬过了许多个不眠之夜。一开始，他把大五角星放在旗面正中，四颗小五角星环绕在四周，这样虽然很对称、很端庄，但显得不够开阔，给人一种局促、凝滞的感觉。

截稿的日子渐渐近了，曾联松还举棋不定。一天，他试着把五颗五角星放在旗面左上角的位置，顿觉天高地阔，旗面如广袤的大地，五星居高临下，金光灿烂。

随后，他又进行了细节上的技术处理，让五颗五角星排成椭圆形，如海棠叶似的，喻示着祖国的疆土；星为黄色，象征着中华民族的黄色人种。

一个代表着全中国人共同心愿的图案，由这个普普通通的青年设计出来了。曾联松小心翼翼地把自己的倾心之作装入信封，邮寄出去——这时已是8月中旬了。

4 她缝制了第一面五星红旗

1949年9月底，全国各大报纸上都刊登了中国人民政治协商会议第一届全体会议通过的关于五星红旗为国旗的决议案和国旗制作方法的说明。为了迎接开国大典，举国上下，城乡各地，立刻掀起了一个赶制国旗的热潮，特别是在刚刚更名为北京的北平，这里即将成为中华人民共和国的首都，因此大店小铺的红绸、红布转眼间就被抢购一空，紧接着白绸、白布也变成紧俏货——没买到红绸、红布的人便自己动手将白绸、白布染红。1949年10月1日那一天，全北京、全中国究竟亮出了多少面五星红旗，谁也无法说清。

在无数面国旗中，有一面特制的国旗。它长460厘米、宽338厘米，是毛泽东主席在开国大典上亲手升起的新中国的第一面五星红旗。缝制这面具有重大历史意义的国旗的，是一位美术供应社的女工——赵文瑞。赵文瑞是一个普通工人，由于生活重压，她很小就和嫂子一起，靠缝补浆洗挣几个钱来艰难度日。1949年1月，北平和平解放，太阳刚刚从东方升起，她就沐浴着党的阳光，开始参加工作。她第一次领到65斤小米的工资时，便下定了决心，一定要好好工作，来报答党的恩情。

政协会议开幕的第七天，大会筹备处的同志来到了美术供应社，因为赵文瑞的缝纫技术好，制作新中国第一面国旗的任务就交给了她。

赵文瑞双手捧过国旗图案，欣喜的热泪就涌上了眼眶。这是党的重托，是人民的希望啊！一种当家做主人的幸福感、自豪感从她心底油然而生。

当时没有缝纫机，要制作这么大的一面旗帜真是不容易呀！在北池子的一个四合院里，赵文瑞在地上铺上草席，以地为桌，开始工作了。她严格按有关要求，先用黄缎子剪出两颗大五角星、八颗小五角星，然后精心地贴在红绸的正反两面。她趴在地上，一针一线，密密匝匝地缝制起来。

赵文瑞顾不上吃饭、喝水、睡觉，就这样趴着飞针走线。想到自己手里的这面红旗是新中国的标志，是无数先烈抛头颅、洒热血的成果，想到自己是代表中国人民在缝制这面旗帜，她浑身就充满了干劲。

经过一天一夜的缝制，五星红旗制作出来了。赵文瑞高兴极了，拉着在场的人扭起了秧歌。

这面在中国现代史上留下辉煌印记的国旗，现在被保存在中国国家博物馆里。

5 为了那庄严的时刻

一个庄严的时刻正一步步向人们走来。1949年10月1日，天安门和天安门广场将成为中华人民共和国开国大典的中心。

升国旗是新中国诞生的标志,新中国的第一面国旗应该由毛泽东主席亲手升起。但届时,站在天安门城楼上的毛主席是不可能走到广场上,再一下一下地拉动绳子升起国旗的。

军内军外一批能工巧匠为此可是费了一番心思。最后大家取得了一致意见:设计一个自动升降器,把控制开关放在天安门城楼上。到时候,毛主席只要伸手一按电钮,就可以让国旗冉冉升起。

在今天看来,这个小小的装置真是太简单了。可在当年,电动升旗在中国尚无先例,仅有个别人在外国画报上见过。这个任务交给了负责天安门广场电线安装任务的建设局。

几个工程师开动脑筋,搞出了一套电动装置。他们根据升国旗仪式和奏国歌需要同步进行的要求,在天安门城楼的西南角安装了电钮,电线就从这里伸向天安门城楼前的马路,然后架高,延伸到广场旗杆处。旗杆大理石基座里藏有总开关,还有土造的计时器用来控制升国旗的时间与速度。

9月30日深夜，深蓝色的夜空中挂着几颗晶亮的星星。天安门广场灯火辉煌，工作人员正在进行升国旗预演。

电路接通了，国旗冉冉上升、上升，突然，国旗在17米左右的高处停住了，升不上去也降不下来。那天晚上有小风，但任凭风怎样吹拂，巨大的旗帜也不见飘动。

一个工人爬上了旗杆，找到了症结，然后迅速排除了故障，并采取了相应的保障措施。电动升降装置在10月1日凌晨试验成功。接着，他们又反复调试，再也没有出现任何差错。

但工作人员心里还不踏实，因为他们的责任实在是太大了。尽管有双电源供电，他们还是做好了人工升国旗的准备，万一断电或设施失灵，无论如何也要保证第一面五星红旗在开国大典时顺利升起。

10月1日下午，在天安门东侧临时搭起的木板小屋里，大会指挥部的几位领导都紧张地守在那里，他们的心都是悬着的。直到五星红旗在国歌的伴奏下，缓缓地被蓝天拥入怀抱，定格在22米高处时，他们才长长地出了一口气。

那一天，地面上没有一丝风，22米高处有些微风。电影局的摄影师罗光达站在天安门中间的门洞处，拍摄了许多升国旗的镜头。于是，国旗的倩影进入了历史的画册。

6 红色风帆

有人说，自从十月革命后，除了第二次世界大战结束的那一天，1949年10月1日就是世界上最重要的日子了。

是呀，从1840年以来，中国经历了旧民主主义革命和新民主主义革命的百年斗争历程，无数志士仁人不惜抛头颅、洒热血，不就是为了建立独立自主的国家，使我们的民族走向新生吗？烈士们不怕牺牲、前仆后继，不就是为了这一天吗？

1949年10月1日，历史的车轮终于滚动到了这一天。

这天清晨，天安门在霞光中渐渐露出金黄的冠盖，早晨6时开始，群众就陆续入场了。人们提着红灯笼或擎着红旗，从四面八方涌向会场。到了中午，已有30万人聚集在这里，天安门广场成了人的海洋。

下午2时55分，刚刚在中南海宣布就职的毛泽东主席和一众开国元勋们来到了天安门。他们在《东方红》的乐曲声中，登上了天安门城楼。

下午3时，中央人民政府秘书长林伯渠宣布开会，人民领袖毛泽东走近麦克风，用浓重的湘音、激昂的语调庄严宣告："中华人民共和国中央人民政府今天成立了！"顿时，广场上30万军民群情激昂，欢声雷动。旋即，林伯渠高声宣布："请毛主席升旗！"

毛主席用力按动了电钮。此刻，军乐队奏起了雄壮的国歌，所有在场的军人都举起右手行军礼；所有在场的群众都肃然而立，庄严地向冉冉升起的国旗行注目礼。乐队演奏国歌的速度是每分钟108拍，演奏完毕，那面巨大的国旗也正好升到旗杆顶端。

那一天，坐在飞行速度很慢的运输机上参加航拍的摄影师看到，天安门广场成了一个T字形的红色湖泊，而那面后来成为珍贵历史文物的五星红旗，突出在红湖上，像一面红色的风帆。

与此同时，54门礼炮齐鸣28响。“54”代表参加中国人民政治协商会议的45个单位和9个方面的特邀人士，“28”代表中国共产党领导全国各族人民进行民主革命28年。

升至旗杆顶端的国旗，在阵阵爽人的秋风的吹拂下，舒展地飘扬着。那五颗星星发出耀眼的光芒，火红的旗面像早晨的万道霞光。它是我们新中国的象征，预示着我们伟大的祖国犹如东升的旭日，前途无比灿烂辉煌。

7 鲜血染国旗

开国大典后不久，中国人民解放军冲进了重庆歌乐山下国民党关押革命志士的魔窟——渣滓洞。72个小时以前，这个魔窟已被烈火烧毁了。一个战士看见一块残破的红布条搭在断墙上。这是一面用红布被面绣成的国旗的残片。这面国旗的制作者就是江竹筠和她的战友。

早在1939年,江竹筠在中国公学附中读书时,就加入了中国共产党。她前后担任过中共重庆市新市区区委委员、川东临委联络员。1947年,她的丈夫彭咏梧在领导川东暴动时壮烈牺牲。江竹筠十分悲痛。组织上考虑到她再去川东很容易暴露,决定把她留在重庆工作。但她考虑到这条线的关系只有她熟悉,别人很难替代她,于是又坚持回到了川东万县(现重庆市万州区)。她没日没夜地工作,很快便恢复了被敌人破坏的组织。1948年6月,由于叛徒出卖,她被捕了。

敌人对她用尽了各种酷刑:灌辣椒水、夹筷子、坐老虎凳,甚至还往她十指里钉竹签。但她视死如归,严守党的机密,绝不屈服、投降。敌人丧失了信心,只好把她关进了渣滓洞监狱。在狱中,江竹筠又把难友们组织起来,大家互相照顾、互相鼓励,继续与敌人斗争,并与狱外党组织建立了联系。

1949年秋,中国人民解放军已经控制了全国战场,国民党反动派只剩下西南几个省了。一天,江竹筠她们获知:1949年10月1日,毛泽东同志将在北京向全世界宣告中华人民共和国成立,我们的国旗会飘扬在天安门广场上……

霎时,这个消息就传遍了整个渣滓洞。每一间阴暗的牢房里都发出了抑制不住的低沉的欢呼声。

江竹筠她们决定,马上动手做一面国旗。她们找出了狱中唯一的一块红布被面——这是一个不知名的同志留下的,上面残留着弹孔,还有斑斑的血迹。几只拿针线的手,都争先恐后地伸了过来,旗面上很快就出现了五颗闪亮的星星。

在大家的拥戴下,江竹筠高高举起了国旗,无畏的声音里充满了胜利的喜悦:"让五星红旗插遍祖国每一寸土地,也插进我们这座牢房!"

西南地区解放了,惨败的敌人在逃离重庆前,对在押的革命者实行了疯狂的屠杀。江竹筠被列入了他们的第一批目标。

11月14日上午,一大批武装特务出现在女牢门口。有人高喊江竹筠的名字,让她收拾行李,说要马上转移。江竹筠把自己默写的两本书塞给难友，然后，脱下囚衣换上旗袍，还从容地梳理了头发……

江竹筠等人被押上了崎岖小路，没走出多远，四周便空无一人。她们明白了：献身革命的时刻到来了。她和难友们高呼起口号："打倒反动派！""中国共产党万岁！"

敌人们慌了手脚，还没到达预定的刑场就开枪了。

也许，江竹筠在绣国旗的那一刻，就已经知道自己不能亲眼看到最终的胜利了，但她也要把国旗绣好，让战友们高举着它去迎接解放。

江竹筠有个广为人知的亲切称呼——江姐，她和无数革命先烈的英勇事迹和革命精神，永远是激励我们前进的力量源泉。

8 巨幅的五星红旗

2019年10月1日，在中华人民共和国成立70周年庆祝活动上，一面长35.1米、宽23.4米、重220千克的巨幅国旗在群众游行第一方阵的上方徐徐展开。制作这面巨幅五星红旗，单纯依靠机械是无法完成的，大部分工序都要依赖手工。那么，它是怎样制成的呢？

在中华人民共和国成立70周年的特殊时刻，作为国旗定点生产企业的北京市京工红旗厂有限公司接到了制作巨幅五星红旗的任务。大家心里特别激动，期待圆满完成这次任务，因为这是向中华人民共和国70岁生日献礼的最好方式。虽然这里每年都要制作大约20万面五星红旗发往全国各地，但如此巨大的尺寸，他们之前从未遇到过。

整面国旗由13幅红布横向拼接而成，20多名工人花了一天时间严格挑选布料。他们一厘米一厘米地检查，有一次在看到30米的时候发现了一处小瑕疵，也果断地决定放弃，重新选料，再一厘米一厘米地检查。

给巨幅五星红旗“镶嵌”五角星，是整个流程中难度最大的一个环节。最大的一颗五角星直径达7.02米，怎么把它准确地绣到红布上呢？由于国旗太大，很难完全铺开，但五角星所在的位置、定位的角度不能有丝毫差错，所以这时就要凭借复杂的算法、精确的测量，以及工人们长年积累下来的经验来完成。

接下来就需要用到工人们的绝活了——补绣技术。机器织出的料子都是横平竖直的，但五角星的每一条边都是斜线，无论是剪裁还是锁边，大部分工序都不会依据料子本身的纹理，如果不经过特殊处理，制作起来会非常困难。想解决这个问题，那先要给布料“挂浆”，让布料暂时硬化。别看“挂浆”听上去只是简单的两个字，实际操作起来会难倒不少人，只有经验丰富的老师傅才能熟练完成。有一位老师傅从19岁起就在工厂里参与国旗制作的工作，如今已经年过半百，大半辈子都在用心做好这一件事，用行动诠释“匠心”二字的含义。

在国庆节当天，这面国旗被青年仪仗队队员高高举起，平整如镜地缓缓从天安门前经过。作为庆祝中华人民共和国成立70周年群众游行活动的第一方阵，国旗方阵的排山倒海之势、整齐划一之美，感动了无数国人，更激发了亿万中华儿女的爱国之心！

第二章
我心向国旗

1 美丽的风景线

首都有一道风景线，它璀璨、亮丽。

首都有一道风景线，它宏伟、雄奇。

首都这道美丽的风景线，就是每天伴着初升的旭日、和着国歌的旋律、代表着中华民族的尊严和泱泱大国风范的升国旗仪式，就是在“祖国第一哨”护卫下的天安门广场上，看高高飘扬的鲜艳的五星红旗。

自从20世纪80年代，升国旗仪式在电视屏幕上出现的那一天起，越来越多的各族人民群众从四面八方云集到这里，怀着赤诚的情怀来观看五星红旗同旭日一同冉冉升起。每当这个时候，长安街上步履匆匆的行人会不约而同地驻足行注目礼，红领巾们把小手高高举过头顶，军人们致以崇高的军礼……

五星红旗辉映下的天安门广场南北长880米，东西宽500米，总面积达44万平方米。它的北面是举世闻名的天安门城楼，红柱黄瓦，雄伟壮丽；它的南面是用17000多块花岗石和汉白玉砌成的37.94米高的人民英雄纪念碑和庄严肃穆的毛主席纪念堂；它的东面是中国国家博物馆；它的西面是建筑面积为17.18万平方米、周围有134根廊柱、正门顶上镶嵌着金光闪闪的国徽的人民大会堂。

“到天安门广场去看升国旗！”这已成为海内外中华儿女表达赤子之心的一种方式，是独属于我们中国人的浪漫和仪式感。

2023年10月1日早晨6时许，迎着清晨第一缕阳光，30.2万名民众齐聚天安门广场，共同见证五星红旗冉冉升起的庄严时刻，庆祝中华人民共和国的生日。早在前一天傍晚，不少人就开始赶往天安门广场了。人群之中，有北京市民，也有外地游客；有胸前飘扬着红领巾的少年，也有白发苍苍、拄着拐杖的老者；有为国家做出重大贡献的科研工作者，也有在平凡岗位上努力拼搏的奋斗者……他们有的热情挥舞着小红旗，有的脸上贴着“国旗”和“爱心”图案的贴纸,脸上洋溢着激动和喜悦,心中是为祖国母亲庆生的炽热期盼。

6时05分,天安门城楼吹响升国旗的号角,升国旗仪式正式开始。

“正步走!”随着一声口令响起,仪仗队队员迈着铿锵有力的正步从天安门城楼走出,踏过金水桥,来到升降国旗区。“向——国旗——敬礼!”庄严的国歌响起,升旗手高高扬起国旗,一双双眼睛齐齐看向国旗,现场观众自发齐唱:“起来,不愿做奴隶的人们……”

2分07秒,国旗升至旗杆顶端时,万只和平鸽展翅翱翔,盘旋在广场上方。“祖国万岁!”“我爱你中国!”“生日快乐!”人们欢呼着、呐喊着。

几十年来,每个清晨,广场上总会有少则几千人,多则几十万人来观看升国旗仪式,大风挡不住,暴雨挡不住,烈日挡不住,霜雪挡不住。天安门广场的每一次升国旗,都是中国腾飞的宣告、中华儿女对未来的希冀。一种最为深沉、最为神圣的民族情感在这里找到了最合适的寄托,获得了点燃与升华。人们在国歌的旋律中,在冉冉升起的五星红旗中，找到了一个共同的心灵焦点——作为中华儿女的骄傲和自豪。

高高飘扬吧，五星红旗！

永远飘扬吧，五星红旗！

2 一辈子的光荣

说起天安门广场升国旗的历史，这要追溯到七十多年前了。

1949年10月1日，毛泽东主席在天安门城楼上亲手升起了中华人民共和国第一面五星红旗。此后，从1951年国庆节到1976年，青年电工胡其俊默默无闻地当了26年升旗手，成为天安门广场升降国旗时间最长的人。他把那段经历看作自己一辈子的光荣。

那时不像现在每天要举行升国旗仪式，只有在春节、元旦、“五一”“七一”“八一”“十一”等节日或有外国重要元首来访时才升国旗，对仪式也没有什么特殊要求。但是，胡其俊多年如一日，始终把这项工作看得很重。

胡其俊出身贫寒，十岁就在一家私人电料行当学徒，从早到晚不停干活，还常常吃不饱饭。新中国成立后，他成为北京市供电局的一名职工，他打心眼里高兴。他深深懂得，自己亲手升起的这面旗不是普通的旗，而是新中国的国旗，是祖国的尊严和象征，是老百姓的希望。所以，每次升国旗他都十分认真，生怕自己不能很好地完成任务。每次升完国旗，他都要跑很远的地方再看一看，确认国旗已经升到顶了才放心离去。遇到大风天，他长时间地在大风中伫立，以便能及时换下被大风撕裂的旗面。在严寒的冬天，他曾多次滑倒在雪地上……然而，胡其俊无怨无悔。

回忆自己第一次升国旗的情景，他这样说道：“我头天晚上根本无法入睡，一会儿起来看表，一会儿又起来看表，生怕第二天晚了。天刚蒙蒙亮，我便急急忙忙地穿好衣服，到天安门广场管理处领来国旗，然后一口气跑到广场的旗杆底下，仔仔细细地将国旗系好、抚平，接着望着天边，等着太阳出来。当我顺利地完成任务时,我的心里甭提有多高兴了……那是我一辈子的光荣啊!”

“一辈子的光荣”,这是胡其俊老人的心里话,也是他发自肺腑的骄傲与自豪!

3 升国旗仪式的历史

从胡其俊一人负责升国旗到后来由卫戍部队的两名战士担负升国旗任务,虽然五星红旗总能伴着朝阳升起,但是始终让人感觉不够庄严。

1982年12月28日,武警北京总队第六支队十一中队五班正式进驻天安门接受这一重任,我国有了第一套规范的国旗升降仪式。从此,无论雨雪风霜,还是严寒酷暑,他们迈着铿锵有力的步伐从天安门城楼走出,万众瞩目,也使命重大。那时候,升降旗仪式由3位战士负责,1人擎旗,

2人护旗，他们所在的班被人们亲切地称作“国旗班”。

1990年，《中华人民共和国国旗法》颁布。1991年初，“天安门国旗护卫队”正式成立，1991年5月1日，新的升国旗仪式正式诞生。天安门国旗护卫队由36名武警官兵组成，其中擎旗手1名，护旗手2名，带队警官1名，护卫队员32名。10万群众在天安门广场见证了庄严的升国旗时刻，国旗卫士的形象走进千家万户。后来，为了更好地维护天安门广场秩序，从2004年6月1日起，天安门广场的升国旗仪式从每月逢“1”（1日、11日、21日）的3次大升旗改成每月1日进行1次大升旗，36名国旗护卫队员和62名武警军乐团队员和以往大升旗一样，现场演奏3遍国歌。当五星红旗冉冉升起时，各族同胞在四周观看，军人要行军礼，少先队员要行队礼，其他人应立正行注目礼，表示对国旗的崇敬。

2017年12月31日0时整，中国人民解放军仪仗队两名仪仗兵来到天安门广场国旗哨位，与武警国旗护卫队国旗哨位进行了交接。至此，武警国旗护卫队的番号走入历史。武警天安门国旗护卫队和武警部队礼炮部队转隶于中国人民解放军仪仗队。

2018年1月1日清晨，一场全新调整的、规模盛大的升国旗仪式在天安门广场隆重举行。96名解放军仪仗队队员组成的护旗编队走上金水桥、走向国旗区，30名礼兵肃立两侧迎接国旗。在雄壮的中华人民共和国国歌声中，鲜艳的五星红旗冉冉升起。

40多年的时间里，武警天安门国旗护卫队和中国人民解放军仪仗队完成了近3万次升降旗任务，零失误。

五星红旗永远飘扬在中国人心中，国旗卫士的形象也永远镌刻在中国人的脑海里。护我国旗、壮我国威、护卫国旗重于生命的誓言，永远不会变。

4 与太阳同时升起

你知道天安门广场升国旗的时间是怎样确定的吗？你知道国旗升起的时间为什么是2分07秒吗？这里面有个小故事呢！

“东方红，太阳升……”每当唱起这首歌，国旗班的战士就会不由自主地想起自己肩负的神圣职责：中华人民共和国，一个屹立在世界东方的伟大国度，要与日月同辉、与山河共存。国旗班的战士们认为，他们有责任让代表祖国的国旗与太阳一同升起，他们要将这一美好而深刻的寓意彰显出来，所以升国旗的时间一定要精准。

为此，天安门国旗班第一任班长董立敢和战士们天天做观察记录，经冬历夏，终于绘制出了一张365天的太阳升降时间表，确定了每月上、中、下旬的升降旗时间。

虽然有了这张表，但是董立敢心里仍不踏实，多次跑到北京天文台向专家请教。原来，由于太阳光直射点的位置一年中在南北回归线之间来回移动，一个地方每天的日出时间不断变化。于是，他们在北京天文台天文学家们的帮助下，计算出了地处北纬39°54′、东经116°23′的天安门广场每天的日出时间，从而准确地制定出了一张365天的升降国旗时间表。

在向专家请教的过程中，细心的董立敢还了解到，北京地区太阳初升的时候，从上边缘与地平线相切到下边缘与地平线相切，历时2分07秒。回到驻地后，他和战士们苦思冥想，反复测算奏国歌的时间，想方设法调整升国旗的速度，终于使国旗从旗杆底部升到顶端的用时正好是2分07秒。

2分07秒，国旗同太阳一同升起，代表着国旗像初升的太阳，照耀着祖国大地。

5 暴雨中的橄榄绿

2017年6月23日，清晨的天安门广场上，暴雨如瓢泼，持续击打着地面，溅起一层层水花。地面上的水汇集在一起，变成一条条奔腾不息的小河。

“我从外地赶到天安门，就是为了观看升国旗仪式。没想到遇上大暴雨，今天怕是看不上了！”一位正在地下通道躲雨的年轻人遗憾地说。

“放心吧！这升国旗仪式风雨无阻，等到了时间，你就放心去看吧！”旁边一位老者信心满满地说。

果然，在“呼呼”“哗哗”的风雨声中，隐约传来“咔咔咔”的声音。白茫茫的雨雾中，一队橄榄绿越走越近，橄榄绿绿得鲜嫩，生机勃勃。瓢泼大雨击打着战士们的军装，衣服就像泡在了水中，又湿又重；大风携着雨水拍打着他们的脸庞，脸上就像被泼了水，又湿又疼。然而，他们依然神情坚定、身姿挺拔、步伐铿锵，队伍如破浪之船，在水天世界中，驶向国旗升起的地方。

“来啦，来啦！”不知是谁一声喊，地下通道中的人们蜂拥而出。人们似乎忘了风还在刮、雨还在下，心中想的只有一件事：别耽误了看升国旗。看到国旗护卫队的战士们穿着被淋透的军装，没有打伞也没有穿雨衣，人们自发把雨伞、雨衣也收了起来。

“国旗护卫队好样的！”“祖国万岁！”“中华人民共和国万岁！”人群中突然有人喊起口号。口号越来越响，淹没了哗哗的暴雨声。战士们的脸上雨水不断往下流，但他们的神情一如往日庄重严肃。

升旗手登台，升国旗仪式正式开始。国歌奏响的一刹那，升旗手振臂一挥。国旗因为浸了水，比平时不知道重了多少倍，但升旗手仍然将国旗高高抛起！耀眼的中国红立刻成为暴雨中最鲜亮的色彩。人们的目光紧随着国旗升起的方向，看着那抹红色在暴雨中迎风飘扬。

升国旗仪式结束后，当日的擎旗手接受了记者的采访。他说:“下冰雹也好,下刀子也好,我们每天升降国旗,风雨无阻!”

“迎着东方的晨曦,怀着赤诚的敬意,伴着庄严的乐曲,我们升起了国旗……”这是国旗护卫队队歌中的歌词。战士们用挺拔的军姿、刚毅的动作、威武的气势深情诠释着中华民族的神圣尊严。

6 接力传承中国红

2021年7月1日,庆祝中国共产党成立100周年大会在北京天安门广场隆重举行。上午8时,100响礼炮响彻云霄。升旗手张自轩引领国旗护卫队行至升旗区,挂旗、解旗、展旗、立正、敬礼,一整套动作无可挑剔。

天安门广场上这面国旗长5米,宽3.3米,净重就有2.5千克,是中国每天升降的国旗中最大的一面。

作为一个入伍超过10年的“老旗手”,张自轩零失误地执行过超7000次升降旗任务。尽管经验丰富,但为了迎接建党百年的升国旗任务,张自轩仍然做着最严苛的训练。他迎着太阳练眼神、绑着沙袋练腿功、顶着烈日练站功。除此之外,他每天拿着哑铃挥臂1000多次,扛着挂有3个水壶的旗杆正步行走5千米,3个月内体重下降了10多千克,这才圆满完成了此次升国旗任务。因为训练强度过高、右肩负重太大,他用右手拿筷子吃饭都成了难题,有时只能用左手。再苦再累,张自轩从未有过一丝懈怠,他说:“心中的那抹国旗红,是我永远的动力!”

2022年10月1日,天安门广场的国庆升国旗队伍中出现了一个新面孔,他身扛国旗,步伐稳健,引领着升国旗队伍。这是24岁的升旗手张威,是张自轩的徒弟,也是中国护旗精神代代传承的接力者。伴随着雄壮的国歌声,张威潇洒展旗,将这面巨幅国旗完美展开,圆满完成了他人生中第一次国庆升国旗任务。这背后,是张威日复一日的艰苦训练。

为了让张威成长为合格的升旗手,张自轩对张威的要求格外严格。第一个硬性指标，就是哑铃训练。张威要手托5千克的哑铃，每天练习展旗动作300次以上。张威有时候实在累得受不了，张自轩就会激励他："越累的时候越是长本领的时候，也是进步最大的时候。"面对师傅的苛刻要求，张威只能咬牙坚持。在这种坚持中，他的力量更强劲、步伐更有力了。

除了早上升国旗，升旗手还要承担每天傍晚的降旗任务。降旗时，升旗手要在半分钟内用13至15个标准动作将面积相当于一间普通卧室的国旗收起。由于指尖与旗帜快速摩擦，几次训练下来，张威的手套磨破了，指尖也磨出了水泡。

"这抹中国红，是每一个中国人的底气，我们必须守护好！"张自轩屡次鼓励张威。

在张自轩等"老一代"升旗手的指导下，在张威等"新一代"升旗手的艰辛训练下，天安门广场的国旗护卫队被很多人称为"最帅天团"。他们"走百米不差分毫""如同复制粘贴"，他们出场即精彩、亮相即震撼，这不仅是经验的传承，更是中国护旗精神的传承——再苦再累再难，也要守护好这面国旗！

7 “红旗哨”上的英雄守望者

天安门广场，一直被誉为祖国的“心脏”，壮丽恢宏的中国气派，吸引着世界各地的人们纷至沓来，在这里感受一个古老民族的蓬勃律动。天安门正前方的哨位，被称为“红旗哨”。岁岁年年，无论严寒酷暑、雨雪风霜，“红旗哨”每天24小时，从无一秒空哨。

2022年7月16日的正午，北京热得如同蒸笼。天安门广场上，一名哨兵正在“红旗哨”执勤。他昂首挺胸，注视着对面的五星红旗，目光如炬。此时的地面温度已经达到50摄氏度，他的脸和脖子都被晒得通红，额头上也早就密密麻麻地挂满了汗珠。但这名哨兵始终一动不动，即使汗水流入了眼睛，他也没有用手去擦一下，只是用力地眨眨眼。对他而言，“红旗哨”位于祖国“心脏”的正中央，能站在这个位置守卫天安门广场、守卫五星红旗，是一名军人至高无上的荣耀，这份荣耀给了他坚守的力量。

2023年12月23日清晨，气温降到了零下13摄氏度。呼啸的寒风吹得人瑟瑟发抖。一名哨兵在“红旗哨”迎风而立，黝黑的脸庞已经泛红，干涩的嘴唇有些脱皮，眼睛被寒风吹得流泪。但他纹丝不动，只是用余光扫视着周围的一切。他要注意熙熙攘攘的人流中是否有人需要帮助，他要留意国旗周边是否有需要处置的紧急情况。虽然寒风刺骨，但在哨兵心中，护卫广场无上荣光，护卫国旗重于生命，再苦再难他们都会咬牙坚持。

无论是盛夏还是隆冬，哨兵们不仅用坚韧的毅力诠释着中国军人独有的气质，还以博爱的情怀彰显着中国军人特有的气概。一个夏日，天空突然下起了大雨，广场上的游客被淋得措手不及，一下子乱了阵脚。一名哨兵悄悄前行了几步，将岗伞让了出来。岗伞之下一下子涌入了20多个人，而这名哨兵在大雨中笔直站立，任凭风吹雨打也如雕塑般纹丝不动。

天安门广场一向游客众多，但哨兵们始终是游客们眼中那最亮丽的风景线。“守好红旗哨、守好广场、守好红旗，重于生命。”这种独特情怀已融入哨兵们的血脉灵魂。他们用坚定的信念、过硬的本领、赤诚的情怀，让五星红旗在天安门广场上空高高飘扬，维护着祖国“心脏”的庄严和安宁。

8 夜宿旗杆下

有一年的一个深夜，当如织的游人渐渐散去之后，一位西装革履的老人仍留在空荡荡的广场上。他时而望望庄严的天安门城楼，时而看看高高耸立的旗杆，时而来回踱步，时而驻足沉思。值勤的战士感到奇怪，一番询问后，才弄清了原委。

原来这位老人是一位美国的华侨，他在上海签订完投资合同后，听说北京天安门广场有升国旗仪式，就想来看一看。

一到北京，从看到广场上华灯齐放的那一刻起，他就处于一种十分亢奋的情绪中。“明早升国旗是几点？我可不能错过了。”“来看升国旗的人有多少？我能找到一个最佳位置吗？”想来想去，老华侨放弃了去王府井或前门一带住宾馆的念头，他决定在天安门广场的国旗杆下露宿等待天明。

哨兵换了一班又一班，老华侨却始终没有离开天安门广场一步。

终于，长夜殆尽，彩霞满天，老华侨痴情盼望的一刻到来了。看到五星红旗迎着朝阳冉冉升起，他激动得两腮绯红，双眼含着泪花。什么叫神圣？什么叫伟大？什么叫自豪？什么叫痴情？在这一时刻，他全都感受到了。

升国旗仪式结束了，老华侨如梦初醒，直后悔忘了拍几张照片带给家人看。值勤的战士得知这一情况，送给他一些照片。手捧这些照片，他动情地对战士说：“谢谢，谢谢！我要把这些照片带给家人，让他们也感受一下祖国的温暖，让他们都来为祖国的强盛多做点事情。”

9 我们的愿望都与国旗有关

2017年7月12日，一个看似平常的清晨，天安门广场照例有着来自五湖四海的人参观升国旗仪式。从候场区到观看区，为了近距离感受升国旗仪式，大家跑出“百米冲刺”的速度，用抑制不住的激动心情看着与太阳一同升起的国旗，听着斗志昂扬的国歌，感受着铿锵跳动的心脏。

人群中，一位头戴草帽、留着长长的白色胡须的老人被高高背起，出现在一片自拍杆中间。老人伸出右手，向冉冉升起的国旗敬起了军礼。“终于在天安门广场看到了升国旗仪式，挺好！挺好！”升国旗仪式结束后，老人感慨道。

对很多中国人来说，“去天安门广场看升国旗仪式”不仅是一件浪漫且有意义的事，更是一生的梦想和期待。

2019年八一建军节前夕，95岁的抗战老兵李安甫凌晨就静静地等在了故宫午门外。为了观看升国旗仪式,这名老兵特意穿上了当年的老式军装,身上挂满了军功章。老人说“在天安门广场看一场升国旗仪式,是他此生最后的心愿”。当国旗护卫队从老人身边列队经过时,老人立刻庄严地敬了一个军礼,然后步履蹒跚地跟着国旗护卫队前行。行走一段路程后,老人体力渐渐不支。为了完成老人的心愿,一名记者抱起老人追赶国旗护卫队,老人终于近距离看到了升国旗仪式。那一刻,老人站得笔直,敬礼的动作标准而有力。

跟两位老人一样,“国旗奶奶”张秀英老人最大的愿望也是到天安门广场看升国旗。从2012年开始,张秀英老人和老伴每周一都在小区广场组织升国旗仪式,十几年来,他们栉风沐雨,从未间断。因为这种日复一日的坚持,张秀英老人被周围的人亲切地称呼为“国旗奶奶”。2023年7月1日凌晨,张秀英老人终于站在了天安门广场,当国旗冉冉升起时,老人激动不已。“我不知道该怎么表达,这一刻,我是全世界最幸福的人,感觉像做梦一样。”老人饱含热泪地说。

不仅仅是这些对祖国饱含热情的老人，到天安门广场看升国旗仪式已经成为每个中国人刻在骨子里的信念与情怀。他们有的不远万里而来，将参观升国旗仪式当作自己的“成人礼”的心愿，有的将参观升国旗仪式当作自己的“圆梦地”，还有的带着孩子参观升国旗仪式，达成孩子们的心愿，培养孩子们的爱国心。当雄壮的国歌声响彻广场，当鲜艳的五星红旗冉冉升起，国旗之下每一段平凡的故事和话语，都蕴藏着中国人对国家最清澈的爱。这许多人的“小愿望”汇聚成“中国梦”的洪流，绘就出未来的蓝图，托起中华民族的希望！

10 金曲里的心愿

“五星红旗迎风飘扬，胜利歌声多么响亮。”这是脍炙人口的歌曲《歌唱祖国》中的歌词。它的诞生，还有一段动人的故事呢。

1949年10月1日，王莘作为天津的代表到北京参加开国大典。当他在人潮旗海中看到毛主席亲手升起五星红旗的时候，不禁思绪万千，热泪盈眶。回到天津后，那五星红旗迎风飘扬的样子还常常在他眼前闪现，毛主席的声音还时时在他耳畔回响。一种扬眉吐气的自豪情感和投身新中国建设的澎湃激情，使他久久沉浸在要创作一首进行曲旋律的抒情歌曲的亢奋之中。

1950年9月国庆节前夕，王莘再次来到首都北京，这时的天安门广场上比一年前更热闹。游行队伍中，人们欢呼雀跃，载歌载舞。在看到一队队少先队员吹着军号，打着小鼓，挥动着鲜花，唱着歌儿，整队前进接受检阅时，王莘再一次激动起来，他想了许多许多。他想到了有几千年文明的中华民族，想到了勤劳勇敢的人民群众，也想到了遭受帝国主义蹂躏的百年屈辱和中国人民在枪林弹雨中不屈不挠的奋斗，更想到了新中国成立一年来医治战争创伤、恢复生产、建设祖国的热火朝天场面和美好的未来。

坐在返回天津的火车上，他隔窗远望，金秋时节华北平原的美丽景色在他眼前闪过。疾驰的火车跨桥越河，使他不由得想到了黄河、长江的非凡气势；"哐当、哐当"有节奏的车轮声，使他仿佛置身于优美的音乐旋律中。就在这时，创作灵感油然而生，王莘忙掏出纸笔奋笔疾书："五星红旗迎风飘扬，胜利歌声多么响亮。歌唱我们亲爱的祖国，从今走向繁荣富强……"回到家后，王莘与妻子同声哼唱，又连夜一气呵成地写完第二、三段歌词。一首《歌唱祖国》就这样诞生了。

《歌唱祖国》表达的是音乐家王莘的心愿，也是亿万中国人民的心愿。它凝结了爱国之声、人民之心、民族之魂，很快就传遍全中国，成为响彻神州大地的"金曲"和跨世纪的经典音乐作品。这首歌唱响在北京奥运会的开幕式上，唱响在航天员的出征仪式上，也唱响在无尽的宇宙间和浩渺的星空里。

11 国旗陪伴归家路

2021年,年逾古稀的展超明、展超玉两兄弟接到了一个令人泪目的消息,从在韩中国人民志愿军烈士遗骸遗物中,人们发现了刻有“展志忠”字样的印章。离家70年的父亲终于有了消息,兄弟二人握着手激动不已。他们一刻也不愿耽搁,很快来到20千米外的镇政府完成了采血。经过DNA对比,兄弟二人与展志忠烈士确有亲缘关系。那一刻,兄弟俩泣不成声——父亲要回家了!

2021年9月2日,是第八批在韩中国人民志愿军烈士遗骸归国的日子。中国驻韩大使邢海明在仁川国际机场为烈士们的棺椁盖上红色的五星红旗。邢海明仔仔细细、整整齐齐地将国旗叠好,抚平国旗上的每一个褶皱,然后冲着烈士棺椁深深鞠躬。接着,戴着白手套的礼兵小心翼翼地托起棺椁登上了专机。为了致敬烈士，我国空军派出国产军机运-20执行接迎第八批志愿军烈士遗骸回国任务，以大国重器告慰国家忠烈。

时光回溯到1950年。那时，朝鲜内战爆发，美国派兵进行武装干涉，全面发动对朝鲜的战争，并不顾中国政府的多次警告，越过三八线，把战火烧到了中国边境。面对严重威胁，新生的中华人民共和国没有选择忍辱退让，而是以非凡的气魄和胆略做出抗美援朝、保家卫国的决策。

“保和平，卫祖国，就是保家乡！”中国人民志愿军唱着《中国人民志愿军战歌》，跨过鸭绿江，义无反顾奔赴战场。异国疆场、茫茫雪原、坑道高地……在交战双方力量极其悬殊的条件下，无数将士浴血奋战，打出了新中国的国威和中国人民军队的军威，取得了战争的最终胜利。在这次战争中，共有197653名中华儿女为国捐躯，牺牲在了抗美援朝的战场上。

第八批烈士遗骸归国的这一天，展超明兄弟二人因身体原因无法亲临现场，由展志忠烈士的孙子展保成、曾孙展启祥赶赴沈阳参加遗骸安葬仪式。临行前，展超明兄弟嘱托两个后辈一定要带上一抔家乡的土，让父亲能够感受到家乡的气息，让父亲知道，他的家人从未忘记他，他的家乡从未忘记他！

从2014年至2023年，中国已经陆续迎回938位在韩志愿军烈士遗骸。为了迎接长眠他乡的“最可爱的人”回家，国家每一次都会举行隆重的仪式，用五星红旗覆盖烈士棺椁，向志愿军烈士致以崇高敬意。青山忠骨，英雄归来，祖国从未忘记他们！人民从未忘记他们！

12 小小升旗手

“敬礼！”

一群老师齐刷刷地举起右手。

“奏国歌！”

老师们整齐地望向国旗，行注目礼。

这是香港升旗队总会2021年下半年开设的“升旗礼导师培训班”系列课程上的一幕。

成立于2002年的香港升旗队总会，是全港唯一一个以推广升挂国旗礼仪、国旗文化和推动国民教育为主要任务的团体。2021年10月，香港教育局向全港中小学和幼儿园发出通告，要求把国旗和国徽纳入中小学教育，全部学校从2022年元旦起每周举行升国旗仪式。香港升旗队总会的培训工作也因此变得繁忙起来。近百名教师在周末变成学生，走下讲台来“听课”，从零开始学升国旗。他们当中，有刚进入职场的青年幼师，有年过半百的老教师，也有学校校长。

令人意外的是，教老师们升国旗的是3名中学生，辜廷恩是其中之一。

当辜廷恩还是个一年级小学生的时候，她就读的学校就有升旗队，会定期举行升国旗仪式。

“场面很震撼，很有气势，我觉得身穿制服的升旗队队员好有型。”升国旗的场面在辜廷恩的心里留下了很深的印象，当时她就想报名参加升旗队，但学校规定要到三年级才能申请。她耐心等待，经过一系列考察、面试等，终于穿上了朝思暮想的升旗队制服——金色帽徽的军帽、白色衬衣、海蓝色及膝裙，这让她顿时感觉自己肩负着很大的责任。

加入升旗队后，辜廷恩才明白，升国旗并不是一件简单的事：不仅要学习国旗、国歌、国徽的相关知识，还要了解国家的历史与发展，奠定最基本的爱国情感。升国旗的时候，有一套严格的流程，每一步都要做得标准、到位，这需要付出大量汗水进行训练。

每周一次训练，一次要站两个小时，有时还要头顶烈日反复练习。几年中，辜廷恩从最初的升旗队步操队员，成长为旗手并担任升旗队队长，对于升国旗的规范已是烂熟于心。

辜廷恩慢慢长大，进入了中学。她所在的中学在2020年10月成立了升旗队，同时加入了香港升旗队总会，队号为“S188”，即全港第188支中学升旗队。作为资深旗手的辜廷恩得知这一消息后十分兴奋，主动帮助招募和培训新人。

经过在升旗队多年的磨砺与洗礼，如今的辜廷恩比同龄人更加成熟、懂事。她说:“升旗队就像是我的好朋友,它不仅教会我许多做人做事的规矩和道理,更让我懂得如何去做一个有价值、有意义的人。”

香港升旗队的教官也是这样对队员们说的,希望通过知识、技能、态度三个方面的训练,让队员们在礼仪、国民身份认同、自我要求等方面都能以身作则,让升国旗仪式凝聚起师生对国家的情感,热爱脚下这片土地,热爱祖国悠久、灿烂的历史与文化。

第三章
中华大地上

1 五星红旗插上最高峰

地球上，海拔在8000米以上的山峰群有14座，其中9座在我国境内，或在我国与邻国交界处。珠穆朗玛峰海拔8848米，是世界第一高峰。它位于我国和尼泊尔交界，南面的山坡在尼泊尔境内，北面的山坡在我国境内。

攀登珠穆朗玛峰十分艰难凶险，如果想从北坡攀登，那更是难上加难。这里海拔过高，严重缺氧，再加上山势陡峭，天气变化无常，生存条件濒临极限。从1921年始，英国登山家曾7次尝试从我国境内的北坡攀登，但是都失败了。他们得出这样的结论：从北坡攀登这座“连飞鸟都无法飞过”的山峰，“几乎是不可能的”。在距离顶峰不远处有个平均坡度超过60度的岩石陡坡，中间有个约5米高的山壁，是登顶的必经之路——这就是被英国登山家称作“不可超越”的“第二台阶”。

然而,珠穆朗玛峰还是被我国登山运动员征服了。

1960年5月,年轻的中国登山队队员们怀着为祖国争光、为民族争气的信念,毅然踏上了征途。当时,我国开展现代登山运动仅5年,中国人对珠穆朗玛峰的了解仅是一些从外国资料上看到的简短介绍。攀登需要非凡的勇气。

中国登山队在这极其险恶的环境中,进行了3次适应性进军,有2名队员牺牲,大部分队员都受了伤。队长史占春和党委副书记王凤桐在登到8695米的高度时,经过观察,选定了突击顶峰的路线。5月24日早9时,由王富洲、贡布、屈银华、刘连满四人组成的突击队,从8500米营地出发,开始向顶峰发起最后冲击。前进了不久,“第二台阶”便横在面前了。突击队员轮流攀登了十几次都没有成功。年龄最大的刘连满用自己的身体当阶梯,严令战友踏肩而上。想到自己靴底锋利的冰爪,队友们犹豫了。但在这关键时刻,时间就是生命,不容他们再迟疑。他们踏着刘连满的肩膀,登上了“第二台阶”,又用绳索帮刘连满登了上去,前后整整苦战了5个小时。

傍晚，他们到达了8700米的高度。在离最后的峭壁只有3米的地方，刘连满因体力消耗过度，呼吸困难，陷入了昏迷状态。王富洲、贡布、屈银华只好把他扶进睡袋，然后凭借着星光，拖着极其疲惫的身体，一步几喘地爬了一个又一个雪包。到达8830米时，他们的氧气瓶全部耗尽。在严重的高山反应和零下30摄氏度的低温中，他们又用两个多小时爬完了最后十多米，终于在5月25日凌晨4时20分登上了世界最高峰的顶端。

山顶气温极低，但胜利的喜悦使他们热血沸腾。他们把毛主席的石膏像用五星红旗包好，安放在西北角的岩石上……

每当贡布回首往事时，总是激动万分地说："我一生最值得骄傲和自豪的事情，就是第一个把中华人民共和国国旗送到珠穆朗玛峰峰顶。"后来，这面国旗被收藏在西藏拉萨的次仁切阿雪山博物馆，成为博物馆的镇馆之宝。

60多年来，中华民族的几代登山勇士们前赴后继，在与珠峰的一次次对话中，挑战极限，追逐梦想。

1975年，中国登山队再次从北坡登上珠穆朗玛峰。他们在“第二台阶”搭了一架梯子，让各国登山队攀登“第二台阶”的难度大大降低。这架梯子也被各国人民叫作“中国梯”。

2008年北京奥运会开幕前夕，中国登山队19名队员接力，在珠峰点燃了北京奥运的圣火。熊熊燃烧的圣火旁，火炬手们展示了五星红旗、奥运五环旗和北京奥运会会徽旗，并且高声呼喊“北京欢迎你”。这是奥林匹克史上的一次创举，是人类历史上第一次将奥运火炬带到地球“第三极”，也兑现了申奥成功时中国人向世界的庄严承诺——把火炬送到世界最高峰。

2022年5月4日，“巅峰使命”珠峰科考13名队员成功登顶珠峰，在世界之巅创造了多项新纪录：我国珠峰科考首次突破8000米以上海拔，首次利用高精度雷达测量峰顶冰雪厚度，在海拔8830米成功架设了全球海拔最高的自动气象站……

一批又一批中国攀登者向巅峰和极限挑战，一次又一次刷新世界登山史的纪录，虽然身影在变，但不变的是那面飘扬在地球之巅的五星红旗，始终激励着一代又一代中国登山人，向着更高的目标前进。

2 香港上空飘起了五星红旗

1841年1月26日，香港风和日丽，突然，海上驶来了几艘战舰，紧接着，炮声隆隆，英国军人登陆，升起了象征英国殖民统治的“米字旗”，居民们平静的生活被打破。

历史的车轮进入了20世纪80年代，我国的社会主义现代化建设进入了一个新的历史阶段，国际地位也得到了空前的提升。1982年1月，邓小平在接见海外朋友时，第一次明确地提出了“一个国家，两种制度”的构想。

从1982年9月至1984年9月，中英双方经过艰苦的22轮谈判，于1984年9月26日草签了联合声明。1985年5月27日，两国政府在北京互换了“联合声明”的批准书，明确规定：英国政府于1997年7月1日将香港交还给中华人民共和国，中华人民共和国于1997年7月1日对香港恢复行使主权。

1997年6月30日午夜至7月1日凌晨，香港会议展览中心新翼灯火辉煌，举世瞩目的中英两国政府香港政权交接仪式，在这里的五楼大会堂隆重举行，无数人都在等待五星红旗升起的时刻。

这一刻来之不易。为了让五星红旗在0时0分准时升起，中方要求英方的国歌提前2到3秒结束，留出中方乐队指挥动作起势的时间。虽然只有短短几秒钟，但中方交接仪式筹备小组与英方进行了16次谈判。这几秒钟事关中国的荣辱，坚决不能让步。

23时56分，中英双方护旗手入场，象征中英两国政府政权交接的仪式开始。出席仪式的4000多位中外来宾全体起立，目光都聚集到竖立在主席台主礼台前东西两侧的旗杆上。

23时59分，英国国旗和香港旗在英国国歌声中落下，宣告英国在香港一个多世纪的殖民统治彻底结束了。

但是，这时却出现了一个意外状况。英国皇家军乐团提前12秒奏完英国国歌，导致中国国歌没有立刻响起。所有镜头都对准了中方升旗手，但他纹丝不动。因为与国歌差1秒，国旗就有升不到顶的风险，他必须做到万无一失。这12秒，让人无比紧张！

7月1日0时整，中国人民解放军军乐队奏起了雄壮的中华人民共和国国歌，五星红旗和香港特区区旗一起冉冉升起。

这一刻，历经沧桑的香港终于回到祖国的怀抱，洗刷了中华民族的百年耻辱！全世界的中华儿女无不扬眉吐气，热血沸腾。香港特区上空的五星红旗和天安门广场上的国旗一起，迎风高高飘扬！

3

桌面上的“敬意旗”

同学们，我们经常可以在电视节目中看到这样的画面：在我国党政军领导或企业家的办公桌上，摆放着一面党旗、一面国旗。有人将它们取名为“敬意旗”。在办公室内插挂国旗的热潮，是1994年下半年从福建厦门兴起的，很快就传遍大江南北。

1995年1月25日，《光明日报》在头版头条刊登了一篇名为《部长同志，您办公室里有国旗吗？》的文章，报道了国务院几个部委的部长在办公室里插挂五星红旗的消息，立刻引起了强烈的社会反响。北京大学四位著名教授当天就联合起来，通过电话向《光明日报》提出倡议：领导同志应率先在办公室里插挂国旗，以增强全民的国旗意识。他们认为，在领导同志的办公室里插挂国旗，可以使他们想到自己是代表国家在行使权力，办事要想着国家和人民，想到自己的工作是庄严、神圣的。

第二天，《光明日报》就在头版头条发表了这四位教授的倡议。倡议立即得到各部委及全国各省、自治区、直辖市领导机关的响应。至1月28日，就有四十一个部级单位的领导在自己的办公室里插挂了国旗，并纷纷表示，作为一名领导干部，每当看到国旗，就会有一种责任感、使命感，就会扪心想一想，如何尽力把国家建设好。

从中华人民共和国诞生之日起，鲜艳的五星红旗每天都飘扬在天安门广场上，飘扬在中央和国家机关的所在地，后来它又出现在领导干部的办公室里，这让人多么欣喜和振奋哪！愿庄严、神圣的“敬意旗”永远在那里。

4 守岛就是守国

记不清多少次，当朝阳升起的时候，开山岛周围的渔民就会看到岛上升起了一面鲜红的五星红旗。他们都知道，这是看守着岛屿的“老王”在和他们打招呼。

他们所熟识的“老王”名叫王继才。他和妻子王仕花是开山岛上有且仅有的一对守岛人。他们俩在这杳无人烟的荒岛上坚守了30多年，而这一切都是因为一句承诺、一种信仰。

开山岛，面积仅有两个足球场大小，距离最近的陆地江苏连云港约12海里。虽是弹丸之地，但开山岛的地理位置对于我国海防来说十分重要。开山岛是我国神圣的国土中不可或缺的一部分。

在王继才上岛之前，这里曾经有四批民兵守岛，但他们都忍受不了这里的恶劣条件，最长的坚持了13天，最短的仅仅待了3天。这里没有电，也没有淡水，岛上除了房子就是野草和石头。一到夜晚，狂风就频繁袭岛，劈头盖脸地吹来。

1986年7月，王继才听县里武装部的工作人员说起抗日战争时期，日军以开山岛为跳板进攻大陆的历史，这让有军人情结的王继才下定决心去守岛。他瞒着妻子王仕花，成为开山岛第五任“岛主”。8月，王仕花登上开山岛，搜寻她“失踪”的丈夫，后来决定辞掉教师工作，陪着他一起守岛。

王仕花为王继才带来了一面国旗，他们每天做的第一件事就是在岛上升起五星红旗。没有人命令他们这样做，但王继才认定在这座岛上，国旗比什么都重要，因为升起国旗，就是告诉全世界，这里是中国的土地。

岛上的生活物资靠补给船定期送来。一旦遇到狂风暴雨，补给船无法按时过来，两人就会陷入困境。但是两人从没有停止手头的工作，升国旗、巡岛、观天象、护航标、写日志，日复一日地忙碌着。他们在岛上种菜、捕鱼，靠着一盏煤油灯、一个煤炭炉和一部收音机，过着清贫的小日子。一年又一年，开山岛通了电，生活状况也慢慢有了改善，他们告别了“原始”的生活方式，还养了几条小狗。

2013年，开山岛上挂起了“中共灌云县燕尾港镇开山岛村党支部”和“灌云县燕尾港镇开山岛村村民委员会”的牌子，王继才担任开山岛村首任支部书记，王仕花是首任村委会主任。

2018年7月27日，王继才在日常的执勤任务中突发疾病，生命永远定格在了58岁。然而第二天，开山岛上的国旗还是像往常一样升起，接替他的是妻子王仕花和几名共产党员。

浪的执着，礁的顽强，民的本分，兵的责任。王继才离开后，一批又一批年轻人受到他的精神激励，主动报名，愿意接过守岛的接力棒。岛再小也是国土，家未立也要国先安。“守岛就是守国”的家国情怀在新一代守岛人身上延续着、传承着。

5 废墟中的光

2008年5月12日下午2点多，时任漩口中学校办主任的徐康志正在办公室里整理材料。忽然，地面晃动了一下。

“难道是地震了？”这个念头还没过去两秒，顿时地动山摇，徐康志连站都站不稳。摇晃着的大楼在挤压中坍塌，轰然巨响中，教学楼变得面目全非。徐康志赶紧跑到操场，只见整个校园被沙尘笼罩，耳边满是哭声、喊声、求救声，乱作一团。透过黄色的烟尘，匆匆一瞥间，他看到倾斜的主教学楼楼顶，国旗还竖立着。

很快，依山而建的房屋一座接一座地垮塌，映秀人世代居住的家园几乎被夷为平地。漩口中学1400多名师生撤离到地势较高的渔子溪村，看见曾经风景如画的小镇被撕裂得千疮百孔，他们心如刀绞。

那是最难熬的一夜。四周漆黑一片，天空下着大雨，通往外面的公路、水路都被严重破坏，没有任何信号可以与外界联系。

第二天，悲痛的老百姓看见一面五星红旗缓缓靠近已经变成废墟的家园，红旗后面是一队解放军，他们徒步进入映秀镇进行救援。老百姓跌跌撞撞地跑上前去，抱着他们痛哭流涕。接下来的日子，越来越多的救援人员和物资涌向映秀镇，放眼望去，到处都是救援人员和竖立各处的五星红旗。

地震一周后，漩口中学师生就在成都的三所大学里复课，后来又辗转前往山西长治市过渡办学。在搬迁过程中，由于临时校园里没有旗杆，学校就将每周一的升国旗仪式改为迎国旗、送国旗仪式。由四个孩子抬着国旗走到师生队伍前，展开国旗，大家一起唱国歌。仪式结束后，师生们目送国旗，护旗手将国旗叠整齐放进办公室。这个简单的仪式，将全校师生的心紧紧团结在一起。

2011年3月，师生们终于回到了映秀镇，在“八级抗震、九度设防”的新校舍里上课。这所学校由全国各地的中共党员捐献的“特殊党费”援建而成。为铭记党的恩情，漩口中学改名为汶川县七一映秀中学。每年5月，学校举办18岁学生成人礼时，第一个要去的地方就是漩口中学遗址。而地震时，学校那面始终飘扬的五星红旗，如今被摆放在学校的展柜里。

汶川发生的8.0级特大地震，是中华人民共和国成立以来破坏性最强、波及范围最广、灾害损失最重、救灾难度最大的一次地震。地震后的数年，徐康志回忆说：

“一直有股力量支撑着我们。”

“大地震时，学校的房屋几乎都倒了，你们知道唯一没倒的是什么吗？”

“是我们的国旗！”

那面在废墟中屹立的国旗，是一种不倒精神的象征，也是映秀人重建家园的力量源泉。

6 东极哨所国旗飘

每天清晨，第一缕阳光从位于抚远三角洲的黑瞎子岛照进祖国。一年中，岛上多半时间是冬季。皑皑的白雪、金色的朝阳和鲜艳的国旗共同构成哨所的色彩。

2008年10月14日，中俄双方在这里举行了“中华人民共和国与俄罗斯联邦国界东段界桩揭幕仪式”。从此，黑瞎子岛西半部约171平方千米的陆地及水域正式划归中国。这是时隔79年后，黑瞎子岛部分土地重新回到祖国的怀抱。同一天，原隶属于黑龙江省军区的某边防团官兵登岛接防，戍守祖国最东端国门。他们在这里升起了五星红旗，宣示着中国在这片土地上的主权。

为了完成升国旗这份神圣的使命，国旗仪仗队的队员们提前做了大量准备工作。除了正常训练，仪仗队队员们每天加练3个“半小时”——早上练半小时抛旗，中午用沙袋绑腿端半小时正步，睡前再站半小时军姿。

在登岛接防的几天前，护旗手王鲁彬跟随外交部工作人员一起，在俄方的一个登陆点上岛，预先研究界桩揭幕仪式上的升国旗仪式方案。定点测量、确定方向、研究路线……他在心里反复提醒自己：不能忽略任何一个细节，要为每一个动作定位。于是，他一个人在升国旗路线上来来回回踢了几十遍正步。

等到全体仪仗队队员上岛演练升国旗仪式时，王鲁彬按照预先研究的动作方案，一步一步为大家进行示范，精确到什么时间转身、什么时间踏步。队员们在岛上演练了一遍又一遍，升国旗用的白手套磨破了一双又一双，终于把动作做到了高度统一。

10月14日这一天，无数次的精心演练浓缩成短短的2分07秒。全体仪仗队队员动作整齐，齐刷刷的脚步声在仪式现场的上空回响。当雄壮的《义勇军进行曲》奏起时，五星红旗在黑瞎子岛上空升起，银龙岛哨所和其他各临时设营点的中国国旗也同时升起。

虽然中国人登岛接防了，但此时的黑瞎子岛上一片萧条。沼泽遍地，荒草比人还高，建设临时营房需要的所有建材都是靠连队官兵肩扛背驮运上来的。他们创造了一个班1天搬5万块砖、60人10小时搬运360吨水泥、全连1周扛4万个沙袋的奇迹。他们不仅用双手建起荒岛上首座中国军队营盘，还在48小时内架通跨江光缆，用7天修通了65千米简易道路，用26个昼夜建成保温板房……

2013年，黑瞎子岛遭遇特大洪水，全岛被淹，哨所面临着撤与留的选择。官兵们坚决不撤，尽管哨所门前的国旗台已被淹没，他们仍然蹚过没腰的洪水，深一脚浅一脚地走向国旗台，平稳地升起五星红旗。

在与洪水搏斗的近两个月里，国旗每天照常升起。

如今，当年登岛升起的国旗被存放在哨所的荣誉室，每当新兵加入的时候，都会聆听这面国旗的光荣过往。每年，老兵退伍离队的时候，都会在一面国旗上签下自己的名字，证明自己曾经守卫在祖国东极，无愧于“中国军人”这个神圣的称谓。

7 让每颗"石榴籽"都像国旗那样红

沙勒克江·依明老人住在美丽的新疆塔城。当清晨朝阳升起的时候,他轻轻拉动手里的绳索,将一面五星红旗升上旗杆,看它在灿烂的晨光中迎风飘扬。

在自家院子里举行升国旗仪式这个习惯,老人保持了十几年。说到背后的缘由,就要追溯到1950年。那时,解放军某部队刚来塔城,一时找不到合适的住宿地。热心的沙勒克江父母得知这个情况,腾出了几间空房,把解放军战士接进了家。此后8年,沙勒克江一家和战士们如同家人般和睦相处。

空闲时,部队会播放露天电影,小小的沙勒克江·依明就搬着小板凳和解放军们一起观看。当电影屏幕中出现阵地上飘扬的红旗时,他的心底就埋下了一粒和国旗有关的“种子”:“红旗插在我们的阵地上,就意味着部队还坚守着。当红旗插到敌人的阵地上,就意味着我们胜利了。红旗就是阵地,我长大了一定要像解放军一样,守护住我们的阵地。”

“从那时起,我家院子里就飘着一面红旗。”每每回忆当时的场景,沙勒克江老人总是非常感慨。也正是那段时光,他深受解放军战士的影响,坚定了为党和国家、为社会多做实事、好事的信念,并在生活中一直忠实地践行。

2009年的一天,沙勒克江考虑在自家院子里举行升国旗仪式。他动员了家里人来帮忙,自己当旗手,儿子当护旗手,反反复复练习了许多次,终于在10月1日国庆节当天,让国旗飘扬在了小院的上空。

第一次升国旗时,家里来了将近80人观看。沙勒克江看到小院里满满的都是人,深刻感受到乡亲们和他一样,心中满是爱国情。沙勒克江决定,定期在院子里举行升国旗仪式,让越来越多的各族群众走进这个小院子,汇聚在鲜艳的五星红旗下。

十几年过去,沙勒克江已经记不得自己升了多少次国旗，每一个步骤、每一个节拍他都烂熟于心。塔城冬季漫长寒冷，夏季又炎热干燥且多风，为了保持红旗原本的颜色，沙勒克江经常更换国旗，以保证国旗常升常新。那些被风吹旧的国旗，都被他整齐地叠放好装在盒子里，作为“传家宝”留了下来。

2021年，75岁的维吾尔族老人沙勒克江·依明专程千里迢迢赶到北京，去天安门广场观看升国旗仪式。这次亲身观看的经历，让沙勒克江更加深刻地感受到各族人民手足相亲、守望相助，在中华民族大家庭中像石榴籽一样紧紧抱在一起。他自己仿佛也是一颗如同国旗般鲜红的“石榴籽”，用一生传递民族团结情。

8 心中的眼睛

2010年12月12日，亚洲残疾人运动会在广东奥林匹克体育中心拉开帷幕。开幕式上，一对母子成为全场焦点。

偌大的体育场上，一个身穿校服、系着红领巾的小男孩手捧国旗迎面向大家走来，妈妈紧随在他身边，指引他把国旗交到仪仗队队员手中。等仪仗队队员展开国旗后，小男孩轻轻抚摸着国旗，俯下身子用小脸贴着国旗亲吻。当庄严的国歌声响起，鲜艳的五星红旗徐徐升起的时候，小男孩“注视”着国旗，庄严地举起右手敬少先队队礼。

这个小男孩叫何宇轩，是一名三年级的小学生，因视网膜发育不成熟，出生后不久被诊断为先天性双目失明。他从未见过国旗，也不知道何为红色，但他对国旗有着特别的情感：“国旗一直藏在我的心里，因为妈妈告诉我，国旗代表着自己的祖国。”

虽然双目失明，但他从小就表现出对音乐的兴趣和才能，无论听到钢琴上哪一个音，都能准确分辨出来，因此也弹得一手好钢琴，同学们喜欢叫他“钢琴小王子”。他频频出现在国内外钢琴大赛上，也让亚残会组委会发现了这个与众不同的小男孩。

在火炬台下，梦想成为钢琴家的何宇轩演奏着钢琴，用婉转悠扬的琴声演绎他用心灵所“看”到的缤纷世界。那里，有一面鲜艳的旗帜叫五星红旗。

9 玉麦乡的格桑花

老民兵桑杰曲巴买回一块红布和一块黄布，在忽明忽暗的油灯下做起手工。他用剪刀把红布裁剪成长方形，又用笔在黄布上画五角星。他的两个女儿卓嘎和央宗好奇地看着父亲，问道："阿爸，要给我们做衣裳吗？"

桑杰曲巴笑着没说话，而是裁剪出五颗黄色的五角星，然后一针一线仔细地缝制，把五角星整齐有序地缝制在红布上。直到缝完最后一针，他才把卓嘎和央宗姐妹俩叫到身前："孩子们，这是中国最宝贵的东西，这是我们的国旗！"

那一天，桑杰曲巴缝制的国旗就飘扬在这个位于中华人民共和国边陲的小乡村——西藏自治区山南市隆子县玉麦乡。

玉麦乡位于喜马拉雅山脉南麓，规模最大时有20多户、300多个居民。因为重山阻隔、交通闭塞，人们陆续迁出，比半个上海市面积还大的玉麦乡，最后就只剩下桑杰曲巴一户人家，变成"人口最少乡"。

卓嘎和央宗曾经问过父亲："咱们也搬走吧？"

可是倔强的桑杰曲巴说："如果我们走了，这块国土就没人了！""不去巡山，国土会被别人侵占的。""玉麦是中国的领土，有土地就得有人，即便再孤独、再艰苦，我们也得为这块土地留下来。"

于是，他们三人组成的小家，牢牢地守在祖国的边境线上；三人组成的“人口最少乡”，锚定了一个国家的坐标。姐妹俩在父亲的带领下，几十年如一日放牧守边，克服重重困难，守护着祖国数千平方千米的国土，在巡边的路上插满五星红旗。

桑杰曲巴一家的故事感动了全国人民，也带来了玉麦乡的“蝶变”。政府选派干部、医生为这里注入“新鲜血液”，不断有新的居民搬进玉麦乡，当地的居民人数不断上升。

卓嘎经常在电视上看到习近平总书记到边远山区看望、慰问群众的报道。有一天，她萌生出给总书记写信的念头。说写就写，这封信从玉麦乡寄出了。

没想到很快就有了消息！2017年10月28日，习近平总书记给卓嘎、央宗姐妹俩回信，称赞她们几十年如一日、默默守护着祖国领土的精神，并说：“希望你们继续传承爱国守边的精神，带动更多牧民群众像格桑花一样扎根在雪域边陲，做神圣国土的守护者、幸福家园的建设者。”

2018年3月，当选为13届全国人大代表的卓嘎走进北京人民大会堂，在全国两会上向大家展示“小康新玉麦”。

在这片土地上，人口越来越多，生产生活半径越来越大，国土守得越来越好。

家是玉麦，国是中国。桑杰曲巴一家人的信仰，变为人民对国家的忠诚守望。如今，越来越多的牧民群众搬到这里，像格桑花一样扎根在雪域边陲，成为神圣国土的守护者、幸福家园的建设者。

10 带着国旗去巡线

雨后的丛林，仿佛桑拿室一样热气腾腾。天空开始下雨，道路变得泥泞，越来越不好走。班长温贤文走在前面，挥舞着大砍刀探路，既要防止毒蛇或者野兽的攻击，还要时不时地探一下有没有附近村民放的捕兽夹。他就这样带着几名同事，朝着今天巡线的第一个目标——10千伏浦寨Ⅱ线19号塔走去。

巡线，是南方电网广西崇左凭祥供电局供电线路维护班的日常工作。输电线路往往穿越崇山峻岭，杆塔也常常建在人迹罕至的地方，甚至是悬崖峭壁之上。除了蚊虫蛇蚁，还有狂风暴雨、烈日炙烤的考验，再加上地处边境的特殊地理位置，巡线班面对着许多已知和未知的危险。

每一次，巡线班都克服重重困难来到杆塔旁，检查塔基有没有下沉、塔材有没有被盗、螺丝有没有松动，再对杆塔上的设备进行无人机巡视，用红外成像测温仪进行测温，看设备有没有温度过高，或者有没有因为线不够紧引起发热……在他们工作的时候，五星红旗就插在旁边，迎风招展。

这是一个很特殊的巡线班，成立于1974年。考虑到当时边境地区的特殊情况，第一任班长张进同请女同事帮忙缝制了一面国旗，在每一次工作时都随身携带，以表明身份。从那时起，带着国旗一起巡线渐渐成为传统。他们的安全帽、肩章上也都印着国旗，慢慢地，这个班有了一个响亮的名字——“国旗巡线班”。

国旗巡线班的巡线员维护着凭祥市境内403千米的供

电线路，从成立至今，累计巡线超25万千米，相当于环绕地球走了约6圈。他们所守护的这片土地，也发生了翻天覆地的变化。尤其是2019年，中国（广西）自由贸易试验区崇左片区落户凭祥，友谊关成为中国通往越南的重要陆路通道和国家一类口岸。这里从刚解放时的小村庄，到“一条路，两排树”的边陲小城，再华丽转身为中国与东盟人流、物流、信息流往来的黄金大通道。口岸繁忙的进出口贸易、边民生产生活等，都需要稳定的供电。南疆边陲点亮灯光，五星红旗迎风飘扬，构成了边境线上的一道独特风景。

“国旗插到哪儿，我们的电就送到哪儿。”国旗巡线班一代接一代，用自己的坚守，守护边境万家灯火。

11 蓝色国土上的守望

在我国南沙群岛的南端有座永暑礁，上面立着一座主权碑。主权碑旁飘着的五星红旗在向全世界庄严宣告：这里是中华人民共和国神圣的国土。

南沙群岛以及整个南海诸岛，都是中国人最早发现和最早命名的，也是中国政府最早管辖和最早行使主权的。然而，19世纪中叶，我国沦为半殖民地半封建社会以后，南海诸岛就不断遭受西方列强的侵犯。20世纪，法国、越南陆续侵占了我国西沙群岛和南沙群岛的一部分。

为了捍卫祖国的主权，维护祖国海洋的权益，中国人民解放军南沙守备部队常年坚守在那里。

在南沙守礁是极其艰苦的。“万里长堤，波流甚急”是古人对南沙一带的描述。这里暗礁、浅滩星罗棋布，伴随着潮起潮落，时而露出，时而又隐没。多年前，第一代守礁人居住在简陋的高脚屋，四周只有无尽的汪洋大海。由于烈日暴晒，驻礁官兵的身上一次又一次被晒伤。我们日常生活中常见的蔬菜、水果和淡水，对于守礁的官兵来说是异常珍贵的宝贝。如果要出海，那就更艰难了。海上风大浪高、波涛汹涌，站立都成了难事，但是为了营救遭海盗袭击的渔船，守礁官兵用事先备好的绳子把自己绑在桅杆上，一边呕吐，一边用手电筒发出搜索信号……

如今，南沙的岛礁上早已旧貌换新颜。木麻黄、马尾葵、羊角树，这些我们不太熟悉的绿树，将岛上的绿意绵延铺展；营房、医院、超市，这些我们熟悉的建筑，替代了闷热的铁皮房、高脚屋。但是，守礁官兵的信念从来没有改变。

“儿子，在那里一切可好？”这句问候，跨越了万水千山。一边是平均海拔4500米的西藏那曲，那是藏族小伙子格桑次仁的故乡，一边是祖国南端的南沙岛礁，这是他工作的地方。

2017年，军校毕业的格桑次仁既没有申请回到高原家乡，也放弃了留在大城市的机会，而是欣然前往祖国的南海前哨。在广袤高原上长大的格桑次仁，一直有个梦想——去探索更广阔的祖国疆域。守护南沙，守护祖国，是他心中的理想与远方。

浪花拍打着船舷，格桑次仁随着军舰一路向南航行。在海上飘摇了16天后，在一个清晨，格桑次仁终于来到了梦中的岛礁。薄薄雾霭中，一面红旗欢迎着他的到来。

这一天，格桑次仁第一次登上了岛礁的岗楼。站在全礁的最高处，满眼尽是深蓝。不远处，国旗在空中卷出美丽的弧线，在海面的映衬下显得愈发红艳。“那一刻，我再一次被祖国的壮美震撼。”格桑次仁说。

从那以后，格桑次仁在岛礁上度过了2000多个日夜。无数次，他乘着快艇在海上劈波斩浪、巡逻守防。一次出海执行巡逻任务时，天空突降大雨，狂风裹挟着雨幕遮住了官兵们的视线，远方的岛礁在茫茫雨雾中“消失不见”。紧要关头，仪表盘因为进水而失灵，官兵们只能靠着陀螺仪辨认回礁的方向。那是格桑次仁第一次感受到惊涛骇浪的威力，小艇在波涛里摇晃，仿佛一片起伏的小树叶。但是，官兵们没有一丝恐惧，他们说：“这里的风浪，教会了我们勇挑重担，因为人生总会充满挑战。”

凌晨的南沙，安静得只能听见风声，格桑次仁也会时不时思念高原上那个温暖的小家。可吹着咸咸的海风，望着点点的繁星，格桑次仁知道，家是最小国，国是千万家，自己的脚下就是祖国，也是家园，守卫这万里海疆中的一座小岛，也是守望故乡亲人的安宁生活。“一切平安，勿念。”他在手机上回复了父亲的消息。

如果你想知道是什么力量鼓舞着官兵们战胜千难万险也要坚守南沙，其实从第一代守礁官兵的家书中，就能找到答案：为了上不辱祖宗，下无愧子孙，让这面五星红旗永远飘扬在南沙的上空，我们不惜吃千般苦，不惜牺牲自己的生命。

这就是一代又一代南沙守礁官兵不变的心声。

12 西岛渔村的国旗班

三亚市天涯区西岛渔村人头攒动，社区居民、学生、企业代表、游客和媒体记者都在翘首以待。

对于西岛来说，这是一个不同寻常的国庆日，对于护旗手王丽来说，这更是一个令她激动的时刻，因为在2021年10月1日这天，西岛渔村国旗班成立，当天还要举行升国旗仪式。为了这一刻，王丽等待了许久，她既紧张又兴奋，夜里做梦都在排练。

西岛一直有红色文化传统。早在1959年，为加强南海国防前哨的防御力量，西岛组建了民兵营，女民兵炮班随之诞生。当时有8位渔家姑娘凭着对西岛的一腔热爱，加入了女民兵炮班，她们年龄最大的19岁，最小的17岁，因而这个班也被誉为“八姐妹炮班”。

这群过去扛着渔具的渔家姑娘，如今头戴遮阳斗笠，脚蹬解放鞋，开始站岗放哨、扛枪训练、巡海查滩。她们枪炮打得准，舟船开得顺，执勤巡逻不马虎，修筑工事肯吃苦……渐渐地，八姐妹炮班成为一支闻名全国的民兵队伍，一点儿都不逊色于男儿郎。

"飒爽英姿五尺枪，曙光初照演兵场。中华儿女多奇志，不爱红装爱武装"成了"八姐妹"的生动写照，为之后的每一代西岛女民兵注入了榜样的力量，而每个西岛人心中也都埋下了"西岛女民兵精神"的种子。这种精神在岛上开花结果，引领着岛民们建设更美好的西岛。

在国旗班护旗手王丽的大家庭里，就有几位女民兵。王丽的心中也一直有当护旗手的梦想。所以，当听说西岛女民兵和西岛社区居民可以自愿报名参加国旗班时，她二话不说就赶紧前去了。经过面试和集中培训，15名队员脱颖而出，王丽成为护旗手，多年的梦想终于实现了。

随着嘹亮的国歌响起，鲜红的五星红旗冉冉升起，迎风飘扬，激荡人心。

如今，西岛渔村码头的国旗班和升国旗仪式成为西岛渔村红色旅游的一部分，与西岛女民兵纪念馆、“听西岛女民兵讲故事”等展馆和活动一起印刻出西岛红色文化的脉络。在“西岛女民兵”和“三亚市爱国主义教育基地”的红色招牌下，西岛渔村每天升起、迎风飘扬的五星红旗，成为西岛渔村全面振兴征程中最美的风景。

13 小院里的升旗手

2023年10月1日清晨，在江苏省仪征市新集镇联盟村一个农家小院里，一位身着军装、身姿挺拔，但又上了年纪的升旗手正在熟练地升国旗。伴随着雄壮的《义勇军进行曲》，一面鲜艳的五星红旗冉冉升起。几排村民整齐地站在一旁，注视着风中的国旗，唱着嘹亮的国歌，行着庄重的注目礼。

这是退伍老兵姜士明的家。姜士明已经50多岁，曾经是北京卫戍区某部的一名战士。作为一个老兵,姜士明对国旗有着特殊的情感。1995年,姜士明退伍回乡,但他与国旗的情缘却始终迁延不断。他自制了一个简易的旗杆,又买来一面鲜艳的国旗,开始在自家小院举行简朴而庄严的升国旗仪式。28年来,这个小院里始终红旗猎猎,即使红旗换了56面,但升国旗仪式从未间断。

在姜士明的感染下,越来越多的人参与到小院的升国旗仪式中来。尤其是节假日,很多当地村民、回村探亲的年轻人自发聚集在小院,和姜士明一起升国旗、唱国歌。小小的院子俨然成了一个爱国主义教育基地。当地一些中小学在网络上了解到这个特殊的升国旗仪式后,专程组织学生来参加,让孩子们更直观地感受普通百姓的爱国热情,激发孩子们的民族自豪感。

在自家小院升国旗的"升旗手"不止姜士明一个。

在河北省廊坊市安次区调河头乡朱官屯村,年近古稀的郭庆栋和老伴马淑敏也多年如一日,坚持着小院里的升国旗仪式。郭庆栋夫妇都是普通的农民,对他们老两口而言,早晨起来升起国旗,开启一天的生活,傍晚降旗,结束忙碌的一天，是他们雷打不动的生活规律。

郭庆栋说，他曾经在天安门广场看到过升国旗仪式，也曾经在电视上看过国庆阅兵仪式，每次看到这种庄严的仪式，他就感觉到强烈的自豪感，内心也抑制不住激动。等到2000年，郭庆栋家盖起了大瓦房，添置了崭新的家具家电。站在焕然一新的家中，郭庆栋心潮澎湃，他感慨：没有党和国家的好政策，就没有如今的好日子。自那天起，郭庆栋在自家院子里竖起了一根8米多高的铁旗杆，购买了一面崭新的五星红旗，学着天安门广场升旗手的样子，在小院里办起了“升国旗仪式”。这个习惯一坚持就是20多年。遇到建军节、国庆节、春节这样的节日，不少村民和亲戚都会自发聚集在小院，跟随郭庆栋夫妇一起升国旗、唱国歌，让小院的红色氛围更加浓厚。

像姜士明、郭庆栋这样的普通百姓有很多，他们用坚守诠释着自己的爱国热情，用忠诚书写着爱国情怀，让爱国精神永续传承下去。

14 “四极”同升一面旗

为了迎接2024年的第一缕阳光，祖国大江南北的座座军营、边关哨卡，都举行了新年升国旗仪式，用最庄严的军礼，以热血和担当，向五星红旗敬礼，祝福祖国，矢志强军。现在，就让我们一起去看看吧！

在黑龙江、乌苏里江的交汇处，有一座黑瞎子岛，这里地处中国版图最东端。每天，清晨的第一缕阳光从这里照进中国。北部战区陆军某边防连连队哨所驻扎在这里，被誉为“东极哨所”，驻扎的官兵被誉为“东极卫士”。2024年1月1日清晨6时45分左右，当祖国大地还在沉睡的时候，“东极哨所”已经迎来了日出。伴随着太阳冉冉升起，官兵们开始了2024年第一场升国旗仪式。在嘹亮的国歌声中，鲜艳的五星红旗迎着晨风，沐浴着新年的阳光，在空中徐徐飘扬。

早上7时许，在祖国南端的三沙市，阳光透过厚厚的云层投射在西沙辽阔的海面上。官兵和民众整齐列队，国旗护卫队迈着铿锵的步伐，英姿飒爽地护送国旗至升旗台。伴随着雄壮激昂、催人奋进的《义勇军进行曲》旋律响起，升旗手振臂一挥，鲜艳的五星红旗在大家的注目凝视下缓缓上升至杆顶，飘扬在祖国南海上空，在海风的吹拂下，招展夺目。

祖国的最北端位于黑龙江省漠河市北极村，这里最低气温达到零下52.3摄氏度，全年无霜期仅有80天左右。8时左右，哨所的官兵冒着严寒，站在了国旗台下。国歌声中，五星红旗如期飘扬在了祖国最北端。官兵们牢记“祖国在心中，人民在身后，界碑在面前，责任在肩上”的使命，筑牢祖国北疆边防的铜墙铁壁！

祖国最西端的新疆斯姆哈纳，距离北京5000千米，号称“中国西极”。在这里，每一天都可以看到中国最晚的日出，也可以送走中国最晚的日落。直到上午10时20分左右，这里才迎来初升的太阳。“升国旗、奏国歌”，随着一声高亢有力的口令，雄壮的国歌声响彻“西陲第一哨”。灿烂的阳光把帕米尔高原白雪皑皑的顶峰染红，也照亮了冰峰下的西极哨所。在这里，官兵们喊出了“边防有我在，请祖国和人民放心”的铮铮誓言。

迎着朝阳，披着曙光，祖国的“四极”在新的一年，跨越“时差”，跨越“高差”“温差”，让五星红旗庄严升起。官兵们将新年第一个庄严军礼，献给祖国母亲，在他们心中，更有一面永远不落的五星红旗！

第四章
耀眼中国红

1 我们的朋友遍天下

1840年鸦片战争之后,中国逐步沦为半殖民地半封建社会。统治者卑躬屈膝,甚至签下丧权辱国的条约。

新中国的外交,把之前的屈辱一扫而光。新中国以崭新的风貌屹立于世界的东方,五星红旗插到哪里,哪里就能看到一个独立自主的伟大国家的形象。

新中国的外交是从1949年10月1日开始的。就在这一天,毛主席在天安门城楼上庄严宣告中华人民共和国中央人民政府成立,并在公告中向世界宣布:"本政府为代表中华人民共和国全国人民的唯一合法政府。凡愿遵守平等、互利及互相尊重领土主权等项原则的任何外国政府,本政府均愿与之建立外交关系。"同一天,时任外交部部长的周恩来便以公函的形式向各国政府发出毛主席的这份公告。

率先宣布承认中华人民共和国并建立外交关系的是苏联。10月2日，苏联政府就致电周恩来，决定同中国建立外交关系，并断绝同国民党政府的外交关系。随后，保加利亚、罗马尼亚、匈牙利、朝鲜、捷克、波兰、蒙古、阿尔巴尼亚等国纷纷同中国建立了外交关系。1950年1月，中国又与越南建交。

印度是同我国建交的第一个不同社会制度的国家，它于1950年4月1日同我国建交。在这一年，同我国建交的还有瑞典、丹麦、瑞士、芬兰等国。

第一个承认中华人民共和国的西方国家是英国。1950年1月，英国外交大臣贝文来电表示承认中华人民共和国。1955年4月18日亚非会议前，同我国建交的国家已达22个。

亚非会议的成功为中国外交打开了新天地。从亚非会议结束到1959年底，同我国建交的亚非国家就有11个。到1965年，同我国建交的国家达到47个。

80年代以后，改革开放使我国的外交进入一个崭新的时代。目前，同我国建交的国家已有180多个。五星红旗插遍了世界,中国受到越来越多的国家和人民的尊重和敬仰。如今,我们可以骄傲地说:“我们的朋友遍天下。”

2 五星红旗在日内瓦升起

为和平解决朝鲜问题和印度支那问题,1954年4月,多国联合在瑞士的日内瓦召开了一次重要的国际会议。时任中华人民共和国外交部部长的周恩来率领中国政府代表团出席。这是中华人民共和国政府第一次参加重要的国际会议,也是五星红旗第一次在重要的国际会议上升起。日内瓦莱蒙湖畔,五星红旗格外鲜红耀眼。

朝鲜问题和印度支那问题是由于帝国主义的侵略扩张造成的。1950年6月,美军悍然武装入侵朝鲜,并且把战火烧到了鸭绿江边。中国人民志愿军“雄赳赳,气昂昂,跨过鸭绿江”,抗美援朝,保家卫国,与朝鲜人民军并肩作战,同美军进行了直接较量，把侵略者打退到“三八线”，迫使美国不得不面对现实，和中朝方面达成了停战协议。在此期间，应越南方面的要求，我国政府还派出军事顾问，帮助越南人民抗击法国侵略者，也取得了巨大胜利。

抗美援朝和援越抗法，显示出当时的中华人民共和国已成为维护亚洲和世界和平不可忽视的重要力量。因此，在1954年1月召开的苏、美、英、法四国外长会议上，美国不得不同意中国参加日内瓦会议。

会议期间，举世公认的大外交家周恩来，以超凡的智慧和卓越的才干，率领中国代表团在会场内外，利用各种场合和机会，开展了卓有成效的外交活动，为会议取得积极成果作出了巨大贡献。同时，中国代表团也向全世界展示了新中国的外交风格和坚持正义、热爱和平的国家形象，赢得了世界舆论和大多数与会国的普遍赞誉。

在中国代表团和其他国家代表团的共同努力下，会议达成了实现印度支那停战的协议，结束了法国在这个地区多年的殖民统治。但由于美国代表的阻挠，关于朝鲜问题的讨论没有达成任何协议。不过，美国代表的“表演”，使全世界爱好和平的人们看清了帝国主义的侵略本性;中国代表团的活动,也使全世界看到了中国人民为维护世界和平所做的不懈努力和所起的重要作用。

五星红旗第一次出现在国际会议上,就获得了全世界爱好和平的人的尊敬。

3 五星红旗飞世界

我们知道,冯如是近代中国第一位飞机制造家、杰出的飞行家。1909年,他在美国旧金山奥克兰市驾驶自己制造的飞机试飞成功,揭开了中国航空史的第一页。1911年,他又毅然放弃国外的优越条件和高薪职位,回到广州发展我国的航空事业。他说:“我造飞机,不图个人名利,只是为了一个崇高的理想——祖国的富强。”然而由于种种原因,新中国成立前我国的航空事业发展十分落后。直到1954

年，我国的首批自制飞机才飞上了祖国的蓝天。但那时，中国民航的飞机飞不高，飞不远，也飞不出去，国家领导人出访远距离的国家时，都是租用外国飞机，可是这会花费大量的外汇，飞行安全也缺乏保障。中国的飞机能飞出国门、飞向世界，离不开一位伟人——周恩来。

1955年4月，第一次亚非会议即将召开，周总理计划乘坐印度的“克什米尔公主号”飞机亲赴这场盛会。临行前，缅甸总理邀请周总理前往仰光出席一场会议，所以中国代表团兵分两路，一路随周总理先前往仰光，一路乘坐“克什米尔公主号”直接前往万隆。然而，就在“克什米尔公主号”从香港起飞5小时后，由国民党特务安放在这架飞机上的定时炸弹被引爆，11名乘客和5名机组人员遇难。虽然周总理幸免于难，但是他不无感慨地说：“什么时候我能乘坐中国民航自己飞行员驾驶的飞机出国访问？”

另一件事发生在1965年，周总理要去非洲为第二次亚非会议做准备。这一次，我国租用的是巴基斯坦的飞机。当飞机降落在罗马尼亚的布加勒斯特时，很多当地政府官员到机场迎接。可是，当看到降落的是巴基斯坦的飞机时，他们开始窃窃私语，惊讶于中国这样一个大国，领导人却没有自己的专机。使馆工作人员把这件事讲给了周总理，周总理大受触动。回国途中，他把随行人员叫到身边，缓和而凝重地说："中国的民航要飞出去。"

根据这一指示，1965年周总理出访非洲，开始乘坐我国自己的民航飞机。在苏丹上空，由于风的变化，伊尔-18型专机颤动得像野马一样，但周总理泰然自若，坚定地对机组人员说："没关系，我相信你们！"这次航程历时14天，飞行44361千米，途经12个国家。当飞机飞回到祖国帕米尔高原上空时，适值鲜红的太阳冉冉升起。周总理和机组人员迎着朝阳，激动地唱起《东方红》。担负这次远航任务的北京管理局飞行大队，就是1988年7月1日成立的中国国际航空公司的前身。也正是从那时起，蓝天上就有了带五星红旗图案的飞机，国际航线上有了五星红旗的轨迹。

从国家领导人的专机出访，到普通人的国际旅行，现在，人们乘坐中国民航的飞机往返国内外已经非常方便了。五星红旗飞世界，这是中国民航的骄傲，也是伟大祖国的骄傲！

4 联合国的掌声

1971年10月25日，位于纽约市的联合国总部大厦内突然响起雷鸣般的掌声。这掌声震动了会议室大厅的四壁，更震动了整个世界。原来，联合国大会通过决议，决定恢复中华人民共和国在联合国的一切合法权利，承认中华人民共和国政府代表是中国在联合国的唯一合法代表。中华人民共和国国旗在联合国大厦前升起，标志着占世界人口四分之一的中国人民从此重新走上联合国舞台。这一天来之不易。

众所周知，中国是联合国的发起国之一。在第二次世界大战期间，作为反法西斯同盟的中国、苏联、美国、英国决定发起成立联合国。1945年4月25日，联合国国际组织会议在旧金山召开，同年6月26日，50个国家的代表签署了《联合国宪章》。中国得到了第一个签字的荣誉,代表团成员董必武俯身签字的一瞬间永载史册。1949年10月1日,中华人民共和国成立,作为中国人民唯一合法政府,理应代表中国在联合国行使会员国和常任理事国的一切权利。然而,当时的联合国被美国控制,美国以各种手段支持"台湾当局"占据联合国的席位。

从20世纪60年代开始,随着非洲、亚洲几十个国家摆脱殖民统治,宣布独立并加入联合国后,赞成恢复中国席位的国家越来越多。本来恢复中国席位很简单,只要多数票通过就行,但是美国一看形势不妙,便从中作梗,提出恢复中国席位必须赞成票超过三分之二才能通过。在1970年11月的第25届联合国大会上,关于恢复中华人民共和国在联合国的合法权利的提案以51票对49票赢得了多数,但是未能通过。

历史的潮流不可阻挡。随着我国在世界上的地位和声誉的提高,在1971年9月21日召开的第26届联合国大会上,80多个国家的代表发言谴责美国在联合国制造"两个中国"的做法。10月25日,时隔近一年,第二次表决姗姗来迟。这一次，关于恢复中华人民共和国合法权利的提案以76票赞成、35票反对、17票弃权的结果获得通过。10月26日，联合国秘书长发电报给我国外交部，邀请中国政府立即组团出席第26届联合国大会。当天下午，毛主席就明确指示：派一个代表团去联合国大会，让乔冠华做团长。

11月15日，当以乔冠华为团长的中国代表团出席联合国大会时，先后有57个国家致欢迎辞，时间长达6个小时。当乔冠华登上联合国大会的讲坛时，会场上又一次响起长时间热烈的掌声。当时，一家西方通讯社说乔冠华的讲话"是联合国历史上最重要的演说之一"，"它的影响将波及整个世界"！

2021年，中国恢复联合国合法席位50周年。一路走来，中国在联合国展现出了大国的担当。50多年来，我们派出5万余人次，参加了近30项维和行动，已经成为第二大联合国会费国、第二大维和摊款国；我们提前十年完成联合国减贫目标，对世界减贫贡献率超过70%；我们向150多个国家和国际组织提供物资援助，更在新冠肺炎疫情期间，向全球提供了15亿剂新冠疫苗。

“青山一道同云雨，明月何曾是两乡。”作为世界和平的建设者、全球发展的贡献者、国际秩序的维护者，我们将在应对全球性挑战中贡献更多中国力量。

5 奥运会场上空的五星红旗

奥运会是人类体育史上最辉煌的盛会。现代奥运会起源于一百多年前。1894年，国际体育大会决定把世界性综合运动会叫奥林匹克运动会，这就是我们说的现代奥运会。1896年，首届奥运会在希腊的雅典举行，此后每四年举行一次，如今的格言是“更快、更高、更强——更团结”。

早在1932年，我国现代体育的先驱刘长春就参加了第10届奥运会。他独自一人手执大旗参加开幕式，形单影只。后来，我国运动员几次参加奥运会，都空手而归。当时，国外报纸上刊登了这样的漫画：在奥运会会旗前，一群形容枯槁的中国人，扛着一个硕大无比的鸭蛋。零的纪录是中华民族的奇耻大辱。

中华人民共和国成立后，体育事业受到党和国家的极大重视，世界体育竞技场上，中国队捷报频传。1953年，吴传玉在首届国际青年友谊运动会上，以1分8秒4的成绩获得100米仰泳金牌，五星红旗第一次在国际体坛上升起；1956年，陈镜开在举重项目上打破中国体育史上第一个世界纪录；1959年，容国团夺得中国体育史上第一个乒乓球世界冠军；1981年，中国女排荣获世界冠军……然而，五星红旗何时才能飘扬在奥运会赛场上呢？

1984年7月29日是第23届奥运会的比赛日。中午时分，赛场上传出了震惊世界的消息：中国射击运动员许海峰以566环的总成绩夺得金牌！这是第23届奥运会的第一枚金牌，也是我国在奥运会上获得的第一枚金牌！它沉甸甸、金灿灿，实现了中国人想让五星红旗在奥运会赛场上飘扬的夙愿。这一届奥运会上，我国运动员一次又一次震惊了世界。正如当时《人民日报》在一篇评论中说的："零"的屈辱，被许海峰神枪击破；3枚金牌，闪耀在李宁的胸前；

“三连冠”的宏愿，在女排姑娘的手上实现；栾菊杰扬眉挺剑，成为跃居世界女子花剑之冠的亚洲第一人……诞生于汗水和智慧中的15枚金牌、8枚银牌、9枚铜牌的好成绩，是奉献给祖国母亲的厚礼，使海内外龙的传人引以为豪！使中华民族从此以体育强国的姿态屹立于世界的东方！

之后的奥运会上，中国运动健儿一次次创造辉煌，每一次都有国旗相伴。

2021年夏天的东京奥运会，当中国乒乓球男团以3比0战胜德国队，实现“四连冠”后，马龙、樊振东、许昕举起国旗，似乎在说:“我们胜利了！”

男子百米赛场上，苏炳添以9秒83的成绩让世界共同见证中国速度，身披五星红旗的他在奥运会赛场上创造了历史。

夺得女子铅球冠军的巩立姣，手指胸前国旗，一声霸气的“中国最牛”，鼓舞了无数中国人的心。

在击剑女子个人重剑决赛中一剑封喉的冠军孙一文，看着升起的五星红旗，激动得红了眼眶。

37岁的举重运动员吕小军，用绝对优势赢得81公斤级举重金牌，他对着镜头，指向衣服上的中国国旗。这一刻，王者的霸气和爱国的温情在指尖相遇。

摘得女子帆板金牌的卢云秀，为中国帆船帆板运动开启了一扇新的大门。当国歌响彻江之岛时，她手举中国国旗，让那一抹红迎风飘扬。

让五星红旗升起，是运动健儿向祖国许下的坚定誓言。几十年来，在国际赛场上，一代又一代中国运动健儿用努力告诉全世界，有一种颜色叫中国红，有一种骄傲叫我是中国人！

6 五星红旗飘南极

南极洲是人类发现的第七大洲。因为它是全球最寒冷的地方，所以又被称为“寒极”。这是一个冰雪的世界，同时又是一块极富科学价值的大陆，蕴藏有金、铜、铀等200多种矿产资源。

1984年，党中央、国务院正式批准了在南极建设中国南极长城站的报告。这是一个历史性的决定。因为此前，中国人从来没有参加过对南极的考察，所以每次世界范围内的南极条约会议，中国都不具备协商国资格，只能以成员国的身份出席，会议表决时就会被大会执行主席彬彬有礼地请到休息厅去喝咖啡。此情此景，与一个当时就拥有10亿人口的大国的地位多么不相称哪！当我国终于有能力在南极建立永久性的考察站时，这怎不令人备受鼓舞！

1984年11月20日是一个值得纪念的日子，中国首次南极考察队肩负着祖国和人民的重托，搭乘我国的“向阳红10号”远洋科学考察船和海军“J121”打捞救生船离开祖国，向遥远的南极进发。

通往南极的航程充满了艰难险阻。赤道附近，烈日炎炎，酷热难当；太平洋的风浪区，船在巨浪中抛上甩下，几乎人人都呕吐不止；南极圈内，冰天雪地，寒冷异常。在险恶的自然环境中，队员们都坚持下来了，1984年12月30

日，他们终于到达了南极乔治王岛。顾不上恢复体力，队员们就开始了紧张的选址、卸运物资和建站工作。

经过精心勘察，他们把站址确定在乔治王岛西部的菲尔德斯半岛上。而后，考察队里无论科学家、机械师，还是后勤人员，都成了“建筑工人”。他们战风斗雪，夜以继日，在短短的40多天里，把几百吨物资全部运到建站地点，盖起6栋房屋，还建起了气象观测场、通信天线网、码头、广场、直升机停机坪。

1985年2月20日，亿万中国人民的愿望终于实现了！中国南极长城站巍然屹立于南极半岛，五星红旗高高飘扬在南极的天空，同那里特有的冰山、白雪、蓝天相辉映，构成了一幅迷人的画面。1985年10月6日，南极条约协商会议一致通过接纳我国为南极条约协商国成员，中国在南极条约协商会议上没有表决权的历史从此宣告结束。

如今，长城站几经扩建，已初具规模，建筑总面积超过4000平方米，科研设备齐全、科考项目繁多。在这里，科研人员不仅可以从事气象观测、固体潮观测等，还可以在生物、地质等实验室里进行实验、分析和数据处理。每年在南极的夏季期间，除了常规观测，科研人员还会进行冰川学、人体医学、海洋科学等现场科学考察工作。日常生活中，科研人员在那里能吃到新鲜的蔬菜，还能看到在所有人共同努力下，人与自然和谐相处的生态图景。科考站已成为一个微型的“南极科学小镇”。

从长城站、中山站、昆仑站，到泰山站、秦岭站，中国极地考察一步一个脚印地砥砺前行。从无到有、从小到大，筚路蓝缕虽困苦，初心不改乃从容，中国人对南极的探索从未止步。

7 把五星红旗插到北极点

北极是距离中国最近的极地。特殊的地理位置、自然环境、经济资源使北极地区和中国息息相关。国际学术界认为，对北极的研究是一门“未来的科学”，对于人们了解地球、走出地球有着举足轻重的作用。但是，与南极相比，由一层大冰盖覆盖的北极更为险峻。除了严寒，北极冰水交融的地貌也给科考带来难以想象的困难。蓝色的海水与白色的冰雪交融，到处都是冰缝，每往前迈出一步，都有坠入冰渊的危险。北极矗立着不少墓碑，都是在纪念前往这块科学宝地探险的殉道者。

1986年，法国医生让·路易·艾蒂安历经两个多月，跋涉753千米，成为世界上第一个独自徒步到达北极地区的人。在此之前，曾有11个探险队乘狗拉雪橇到过北极地区。我国第一个到达北极地区的人是邓演达，他曾于1928年从柏林出发去北极圈旅行，经挪威海港到达了冰岛。

1990年，美国、苏联、加拿大、丹麦、冰岛、挪威、瑞典、芬兰这些在北极圈内有领土和领海的国家发起成立了非政府的国际北极科学委员会。不久，英国、法国、德国、日本等国家也相继成为该组织的正式成员国。然而，由于当时我国还没有对北极进行过实质性的科学考察，所以未能加入这个组织。可是，对于足迹已遍布世界的中国人来说，怎么能长久地留在北极大门之外？

1994年5月10日，中国科协正式组建中国首次远征北极点科学考察队，由1991年曾到过北极地区的位梦华担任队长。

1995年3月27日，旭日初升的时刻，天安门广场举行了一场特殊的接旗仪式。国旗护卫队的战士将五星红旗郑重移交给中国北极科学考察队，队员们面对国旗庄严宣誓："进军北极，为国争光，研究北极，造福人类。"

在加拿大哈德逊湾经过雪地适应性训练后，他们就出发了。踏上北极的雪原时，他们没有借助机械交通工具，而是冒着高寒，踏着坚冰厚雪，靠双腿徒步前进。为了抢时间，他们每日要行军10个小时以上。超强度的行军让他们的体重急速下降，队员们每天都处在极度疲劳之中。但他们咬紧牙关，坚持再坚持，心中只有一个信念：决不给随队的国旗抹黑。

北纬最后两度直线距离是222千米，看上去不算太远，但在冰上前进却困难重重。随处可见的冰块裂缝会给行进造成极大的困扰，每遇到一个裂缝，队员们都只能等待重新结冰才可以继续往前走。甚至，在冰原上行走，出汗都能造成危险,因为身上的汗水随时可能结冰。一天下午,行进中的队员们感到冰面有些晃动,随即就听到“咔咔”的巨响。他们奋力向前闯,迅速离开了那块冰面,再回头一望,不禁大吃一惊,那冰面已竖成了一道冰墙。好险哪! 如动作慢一点,那他们就可能葬身海底。

经过13天异常艰苦的徒步跋涉,跨越数百千米的冰原,闯过险些丧命的剪切带,中间几度完全失去联系,他们最终成功到达北极点,踏出了历史性的第一步。

1995年5月6日10时55分,中国北极科学考察队胜利到达北极点。考察队员取出在背包中珍藏许久的五星红旗,小心翼翼地展开,然后套在金属旗杆上,牢牢地钉在北极点的冰面上,鲜艳的五星红旗在地球顶端迎风飘扬。北极点是地球所有经线的归宿。围着国旗跑一圈,仅用时3秒钟,这是多么快捷的一次“环球旅行”啊!

这次科考活动不仅填补了我国自然科学研究地域上的空白,证明中国科学家有能力深入北冰洋腹地开展科考观测和取样,还为后来我国加入国际北极科学委员会奠定了基础。

2004年7月28日，中国第一个北极科学考察站——黄河站正式建立，它拥有全世界规模最大的空间物理观测点。从此，五星红旗常年飘扬在这片洁白的大陆上。

2023年9月5日13时55分，中国极地科考迎来历史性时刻，在导航设备失灵、海冰信息严重不足的困难下，“雪龙2”号极地考察船载着中国第13次北极科考队如愿抵达北极点，刷新了中国航海最北纪录。在北极点的科考作业结束后，队员们重现了曾经的“环球旅行”，不过这次，主角是我们的“雪龙2”号极地考察船。它环绕北极点航行，跨过了地球所有经度，然后向低纬度进发。

“上天、入地、登极、下海，是人类探索自然奥秘的极致挑战，是智慧和勇气的体现，也是一个国家综合国力的直接反映。”第一面到达北极点的五星红旗，它从天安门广场直通北极点，见证了中华民族走向地球之巅的步伐，记录了中国人征服北极点的历史。如今，中国正在国际极地事务中发挥着日趋重要的作用。中国极地研究，未来可期！

最后，有一个关于北极科考的小知识，你一定感兴趣！2004年，我国在北极建立了黄河站，和周围其他国家的科考站一样，黄河站的门常年不锁，而且全部朝外开，你知道这是为什么吗？答案是防熊！因为当地常有北极熊出没，所以当北极熊向科研人员奔来时，开放的房门让任何人都可以随时跑进室内避难。而且北极熊不会拉门，只会推门，外开的房门能最大限度保证科研人员的安全哟！

8 五星红旗的太空旅行

1997年1月1日，天安门广场上聚集了5万多名群众。7时36分，天安门广场响起雄壮嘹亮的国歌声，一面鲜艳的五星红旗在国歌声中与太阳同时升起。虽然看起来，这面国旗与天安门广场每天升起的国旗没有什么两样，但其实，这是一面实实在在具有特殊意义的国旗，因为它搭乘我国自行研制和发射的第17颗返回式卫星，在太空翱翔了15天后胜利返回祖国怀抱。

在此之前，作为国家和民族尊严象征的五星红旗虽然也进入过太空，但搭乘的却是美国航天飞机。1985年4月29日，美籍华人王赣骏博士乘“挑战号”航天飞机进入太空时，携带了一面五星红旗，表达了一个中华儿女对祖国的眷恋之情。后来，又有一位美国宇航员将一面只有手掌大小的五星红旗带入了太空。

“我们要用自己的卫星、自己的火箭将五星红旗送入太空！”当这一设想在1994年召开的卫星搭载用户会议上被提出来时，立即得到了北京市政府的大力支持，他们立即派专人将一面五星红旗郑重地送到了酒泉卫星发射中心。1996年10月20日，我国的长征二号E火箭点火升空，顺利将卫星送入预定轨道。卫星以90分钟绕地球一周的速度在轨道上运行，15天共绕地球239周。11月4日，卫星按照预定轨道落在四川遂宁地区，经历了太空遨游的五星红旗同卫星回收舱一起安然地回到了祖国。让五星红旗飘扬在太空，这个曾经遥不可及的梦想一步步走向现实。

2003年10月15日，我国成功实施首次载人航天飞行任务。当神舟五号载人飞船环绕地球飞行第7圈时，航天员杨利伟面带微笑地展示五星红旗和联合国旗帜。

2008年9月25日，神舟七号载人飞船在酒泉卫星发射中心成功发射。9月27日16时41分，航天员翟志刚打开舱门，准备实施首次出舱活动。然而，就在他取下安全锁挂钩，准备把它固定在舱外把手上时，轨道舱内骤然响起“轨道舱火灾”的警报声。在宇宙中，这个声音让人心惊肉跳。如果飞船着火，那就意味着神舟七号乘组无法返回。顶住巨大压力，景海鹏继续操纵飞船，刘伯明和翟志刚临时调整实验顺序，决定先把五星红旗带出舱外。这面五星红旗，在浩渺的太空中鲜艳无比。好在，这次火灾警报只是一次仪表误报。回忆当时的情景，航天员们说：“如果回不来了，就把这舞动国旗的画面，作为我们的永别。”

这面国旗的背后，也有一个让人热血沸腾的故事。《歌唱祖国》里有这样一句我们耳熟能详的歌词，那就是“五星红旗迎风飘扬”。但是在太空，想让五星红旗飘扬起来却并不容易。如果使用常规的柔软材质，那么国旗飘不起来；如果使用比较硬的材质，又缺少了飘扬的感觉。一个偶然的机会，女科研工作者业余时间做的十字绣作品进入了大家的视野，这种材料不软不硬，正好适合做国旗！起初，绣国旗的任务交给了几位女设计师，但后来，越来越多的人想加入进来，最后，200多名试验队员每人都在国旗上留下了几针。虽然他们的工作往往不为人知，但这面大家共同绣成的国旗，仿佛是他们自己在太空中的精彩亮相。

2022年10月1日，神舟十四号航天员乘组在舱内向国旗敬礼，这是中国人首次在太空欢度国庆。他们在太空拍下祖国的照片，也写下这样的诗句："沿着歌声飘来的方向，我看到江山如画分外妖娆；望着礼花绽放的星空，我看到五星红旗高高飘扬。"

从神舟五号到神舟十八号，山河壮丽，星辰夺目，"问天"托举起民族的脊梁，"梦天"擎起了复兴的臂膀，日月辉映的天宫，筑成中华民族腾飞的殿堂。五星红旗始终陪伴着中国人的每一次太空之行，飘扬在真正的"天宫"！

9 蓝盔战士

海风吹拂，天边晨光熹微。在黎巴嫩南部中国建筑工兵分队营区，一面五星红旗迎着清晨的阳光冉冉升起。两百名维和官兵头戴贝雷帽，身穿配有五星红旗臂章的迷彩服，正面向国旗庄严宣誓："我宣誓：忠于党，忠于社会主义，忠于祖国，忠于人民……扬蓝盔精神，展大国形象，为祖国争光，为军旗添彩。"一句句铿锵有力的维和誓言，展示着中国"蓝盔"的信心和决心。

蓝盔，字面意思是"蓝色的头盔"，由于联合国的维和部队官兵必须统一佩戴蓝色头盔或蓝色贝雷帽，所以人们将这支部队称作"蓝盔"部队。从1990年起，中国就积极参与联合国的各项维和行动。1992年4月，悬挂着五星红旗和联合国旗的"郑和"号训练舰抵达柬埔寨西南海岸线上的磅逊港，拉开了中国派遣成建制部队参加联合国维和行动的序幕。多年来，中国已派出维和人员5万余人次，奔赴20多个国家和地区，中国“蓝盔”成为联合国维护和平的关键力量。

一位曾参与维和行动的新闻官，用文字记录下这别样的生活。“当我走出候机大厅，没有镁光灯，也没有鲜花和掌声，仅有门口荷枪实弹迎接我们的车队，看着周围稀疏的人流和萧条的环境，我的内心生出一丝凄凉之感。从车窗望去，路上行人、街边店主、顾客以及政府军等都热情地向我们招手或敬礼，用略显生疏的汉语大声喊着‘中国，你好！’。那一刻，我的眼眶湿润了，一种自豪感在心底油然而生。”

在祖国万里之外的火线旁、密林处、废墟中，哪里有任务，哪里就有五星红旗和中国维和军人迎难而上、不畏艰险的身影。在局势紧张的地区和国家，沿途的检查站会将往来的人员、车辆逐一拦下检查，但对中国维和部队却常常亮起绿灯，因为车上飘扬的五星红旗是任务区各类哨卡最有效的“通行证”。在苏丹西部的达尔富尔地区，这里的季节分为旱季和雨季。联合国给了中国“蓝盔”战士3个月的时间，去帮助当地民众修建一座桥。时间紧迫，战士们必须趁着旱季抓紧完工，因为一旦到了雨季，连绵不断的雨水会给施工带来更多麻烦。战士们拼尽全力，最终提前完成了这项任务。在外国人眼中，这样的“中国速度”简直是个谜，或许他们无法理解，在中国军人心里，使命究竟意味着什么。

这一群戴着蓝色贝雷帽、佩戴着五星红旗臂章的中国军人，在世界上最危险的角落和最艰苦的条件下工作，随时面临着枪弹袭击的威胁，经受着艰苦自然环境的考验，却始终代表祖国履行着维和军人的职责，承担着人类最伟大的使命——守卫和平。

“在维和前线坚守，鲜艳的五星红旗迎风飘扬，正是我们力量的源泉。”

跨越山与海，从亚洲到欧洲，五星红旗陪伴着维和部队的战士们，在遥远的异国他乡，忠诚履行使命。蓝盔战士们用实际行动书写着大国军人的血性与担当，用实际行动播撒友谊，为当地人民点亮发展的希望，也为维护世界和平、构建人类命运共同体贡献坚定的中国力量。

10 让人心安的中国红

一提到海盗，大家脑海里通常会掠过电影、电视或者小说中的场景，他们身穿中世纪服装，横行地中海，寻宝藏、斗海妖，过着传说中的冒险生活。

然而在现实生活中，海盗这个群体自古至今都存在，他们利用手中的武器，有组织、有目的地打劫商船、劫持人质、勒索赎金，严重威胁海上贸易的稳定和发展。亚丁湾、索马里海域频繁发生海盗袭击、劫持过往船舶的事件，中国籍或中资外籍船舶多次被海盗劫持，海盗问题已成为一大国际公害。

2008年，联合国安理会连续通过多项决议，授权各国根据《联合国宪章》第七章采取行动，在索马里领海打击海盗，索马里过渡联邦政府也呼吁各国参与到打击海盗的行动中来。同年12月16日，中国人民解放军海军舰艇编队从三亚起航，赴亚丁湾、索马里海域执行护航任务。

鲜艳的五星红旗迎着海风高高飘扬，雄壮的《义勇军进行曲》唱响南中国海。中国海军护航舰艇编队的官兵面向五星红旗庄严宣誓：战胜困难、恪尽职守、努力工作，圆满完成护航任务。

虽然蔚蓝色大海看似平静，但是与海盗之间的战斗却惊心动魄。

2010年11月，中国籍特种运输船“泰安口”号遭到海盗袭击，我国护航编队的特战官兵凭借过硬的实战能力，成功驱逐海盗并营救了所有船员，这是我国首次用武力营救被劫持船只。被解救的船员们挥舞五星红旗，激动地高呼“祖国万岁”！

2015年2月18日，是农历马年的最后一天，也是中国人吃团圆饭的温馨时刻。亚丁湾上，中国军人正驾驶临沂舰执行护航任务，他们要保护5艘商船向亚丁湾东部海域航行。当地时间13时30分，官兵们发现不远处的海域疑似出现了一艘海盗船。透过高倍望远镜，他们看到船上有近30人。临沂舰立即进入战斗状态，将疑似海盗船与商船队伍隔离开，同时发射信号弹和爆震弹向疑似海盗船进行警告。在强大的火力威慑下，疑似海盗船渐渐远离编队。战斗结束后，临沂舰护送着商船继续前行，在辽阔的海面上迎接新年的到来。

“我是中国海军护航编队，如需帮助，请在16频道呼叫我。”这条以汉英两种语言播发的通告，已经在亚丁湾、索马里海域回响了十几年。

锦上添花易，雪中送炭难，中国海军除了护航，更在危难时刻尽显真情大义。当马尔代夫首都马累遭遇淡水危机时，正在印度洋执行护航任务的中国海军长兴岛船紧急掉转航向，为马累送去600余吨淡水；在也门的炮火中，护航编队安全撤离600余名中国公民和来自15个国家的200余名外国公民。危难之际，中国海军的担当被外国民众誉为“大义之举”，更有外国民众向中国国旗深深鞠躬。

2022年底，中国海军迎来了一个不同寻常的周年纪念日：在亚丁湾执行了1500次战斗护航行动。风急浪险的亚丁湾，鲜艳夺目的中国红，高扬着五星红旗的中国海军护航编队是蔚蓝大海上最让人心安的希望符号。被救人员无论国籍、肤色、种族，都称中国军舰为“诺亚方舟”，称中国海军为“救星”。被救的中国船员在甲板上展开五星红旗向军人们致敬，挂出“感谢祖国海军为我护航”“为祖国海军骄傲”的横幅。强大的祖国，永远是国人最坚强的后盾。

11 这所小学名叫“中国”

在乌拉圭首都蒙得维的亚的卡萨巴列区，有一所以“中国”命名的小学。每当学校举行正式活动时，蓝白相间的乌拉圭国旗与中国的五星红旗会一同升起。

这所小学的原名是“319小学”，当时的校长罗萨里奥·马丁内斯热爱中国文化，就提议把学校名称改为“中国”。可那时候，学校的孩子大多来自贫困家庭，也有不少外来移民，有些孩子甚至连8千米外的海滩都没去过，中国对于他们来说，只是出现在地图上的一个国度。

为了让乌拉圭的年轻人更多地了解中国，2004年12月，乌拉圭政府正式将“319 小学”更名为“中华人民共和国学校”，从此这所学校与中国结下了不解之缘。中国政府给学校赠送了电脑等教学设备，学校开设了中文和中国文化课程。孔子学院的中国志愿者来到学校里，给孩子们展示书法、剪纸以及中国传统节日习俗。也是从那时起，孩子们对中国文化充满了兴趣和憧憬，有人掌握了一些中文日常用语，会用筷子，还了解中国的高铁，有人能一口气说出好多个中国城市的名字。

2018年，在中乌两国奖学金项目的支持下，这所小学的老师和学生有机会来中国游学了！他们爬长城、游故宫、看京剧《美猴王》、看大熊猫，与中国学生踢足球友谊赛，给中国孩子品尝乌拉圭的马黛茶，介绍位于地球另一端的乌拉圭，也结识了一群中国朋友。中国之行让来自乌拉圭的孩子对未来充满了期待。

现在的“中华人民共和国学校”里，不仅有中国政府援建的新校舍，还有“孔子学堂”和“熊猫阅览室”。阅览室里有中文书籍，也有孩子们喜欢的舞龙舞狮道具和来自大使馆的中国礼物。老师们说，学校位置相对偏远，孩子们享有的社会资源十分有限，但是受到中国文化的启发，他们努力让孩子们增长见识，养成良好的学习习惯，实现人生的超越。

12 蔚蓝深海里的红色旗帜

“深潜器到水下会剧烈晃动，与晕船和晕车不一样。我们乘船来到青岛近海海况差的地方，船横在浪里大约45分钟，很多人都吐了，我和付文韬没事。”

说这话的人叫唐嘉陵，他和付文韬都是中国首批自主培养的潜航员。想成为潜航员并不容易，不仅要有很好的抗眩晕能力，还要有卓越的心理素质。深潜器的生命舱是常压常温的，下潜至深海后，大气压力和氧气浓度仅比陆地低10%至20%。虽然听起来和陆地情况相差不大，但在长达数小时的密闭下潜中，潜航员必须高度集中注意力，遇到突发状况要迅速、准确地应对，这就非常考验心理素质了。为此，潜航员会分别进入一个狭小且漆黑的空间进行幽闭训练，他们要在没有手表、手机，甚至没有声音的情况下，在里面度过十几个小时。后来，为了模拟“实战”环境，这种幽闭训练从陆地转移到水中。

2008年8月，潜航员完成包括心理、体能和深潜器操作等在内的一系列培训之后，驾驶着“蛟龙号”开始进行海上试验。“蛟龙号”是中国自行设计、自主集成研制的深海载人潜水器。深海潜水器是海洋技术开发的前沿与制高点之一，体现着一个国家的综合技术力量。唐嘉陵和付文韬作为潜航员，需要对“蛟龙号”开展深潜海试工作。50米、300米、1000米、3000米，他们在不到两年的时间里下潜了37次。

2010年7月，唐嘉陵和付文韬在“蛟龙号”主任设计师、总驾驶叶聪的带领下，要去完成一项重要任务——在南海海底插上一面五星红旗！接到任务的“蛟龙号”以每分钟37米的速度下潜，一个多小时后就突破了3682米的世界海洋平均深度，然后继续下潜，“坐底”3759米的深海。

“蛟龙号”有两只可以伸缩的机械手，各有7个“关节”，相当于人的肩、肘、腕等，主要进行采集样本作业，但要在海底完成插国旗的动作可并不容易。首先，必须让机械手的7个关节做出一个由上往下的竖直动作，才能将国旗插得笔直。其次，动作必须轻柔，因为稍微大一些的动作很容易扬起海底的泥沙，遮挡视线。

“蛟龙号”的两只机械手各有所长。左手力量大，适合干粗重的活；右手灵巧，适合干精细的活。所以这次在海底插国旗的动作，最终交给右手完成。当它顺利地将一面钛合金制成的五星红旗牢牢安插在深海中时，指挥室爆发出一阵欢呼声。因为这标志着我国成为继美、法、俄、日之后第五个掌握3500米以上大深度载人深潜技术的国家。

“蛟龙号”主任设计师叶聪十分感慨，每次执行任务之前，他们都会面向五星红旗宣誓，而每次完成任务，潜航员出舱的时候，又会在潜水器顶上的天桥展示一面鲜艳的国旗，这是独属于他们的庆祝方式，既是庆祝任务完成，也是庆祝共和国的深海探索又前进一步。

如今，经过几代科学家的不懈努力，“蛟龙号”在全球最深的马里亚纳海沟成功完成了7000米级海试，最大下潜深度达7062米，成为目前世界上最大下潜深度的作业型载人潜水器，深海的神秘面纱正在被慢慢揭开。

13 五星红旗闪耀月球

“大家好，我是月面巡视探测器玉兔，你可以叫我@月球车玉兔。我来自中国，4个小时后将和嫦娥三号一起飞向月球……”

2013年12月1日，月球车玉兔发了这条微博。第二天，它就和嫦娥三号一起离开地球，12天之后成功落月，标志着中国成为世界上第三个有能力独立自主实施月球软着陆的国家。

抵达月球后，月球车玉兔在月面顺利行走，还与着陆器互拍，向地球居民展示了胸前鲜艳的五星红旗。与玉兔身上的国旗一样，着陆器身上也喷绘着一面国旗，这是月球上第一次出现中国国旗。

这两面国旗可不一般！月球表面昼夜温差大、太空射线强、高真空且环境极端不确定，普通材质做成的国旗无法正常使用。负责国旗研制的工作人员清晰地记得，为了使国旗能经受月球表面的考验，他们用了近一年的时间去研发和测试，最终用特殊工艺和特殊合成树脂、颜料制作了这两面国旗，以确保它们在外太空极端环境下始终保持鲜艳的颜色。

有了这次经验，当2019年1月11日嫦娥四号着陆器与玉兔二号巡视器在“鹊桥”中继星支持下顺利完成互拍的时候，人们在照片中再次看到两面鲜艳的五星红旗在月背交相辉映。但是，这两次在月球上展示五星红旗都只是在巡视器和着陆器的壳体上使用喷绘式图案，并不是真正意义上的五星红旗独立动态展示，而这个意义非凡的工作，交给了嫦娥五号探测器。

2020年12月3日，位于月球表面的嫦娥五号探测器携带了一面重量仅12克的“织物版”五星红旗。这面五星红旗蕴含着十足的科技含量。科学家们在选材上就花费了一年多的时间，挑选出超过20种纤维材料，然后通过一系列物理试验，最终决定采用一种新型复合材料，既能满足强度要求，又能满足染色性能要求，还能保证国旗卷起时在正负150摄氏度温差环境下不会粘连在一起。

到达月球后，重量只有1千克的国旗展示系统按照指令解锁打开国旗，整个动作仅用时1秒。五星红旗的第一次月表动态展示圆满完成，“中国红”再次成功地闪耀在38万千米之外的星球上。

14 为了胸前的五星红旗

2014年3月，一种烈性传染病暴发于西非各国，引发这种传染病的病毒被世界卫生组织命名为“埃博拉”。之后的几个月，非洲的埃博拉疫情愈加肆虐，感染人数激增，病死率极高。许多国家纷纷撤离援非医疗队，甚至连无国界医生组织都停止向非洲派出医疗志愿者。

面对如此紧张的局势，中国政府积极响应疫区国家和世界卫生组织的呼吁，第一时间向疫区支援物资和医护工作者。2014年9月16日，我国首支抗击埃博拉疫情医疗队飞赴非洲塞拉利昂。

临行前，医疗队举行了庄严的宣誓活动和出征仪式，所有医护人员穿着胸前印有五星红旗的统一服装，对着随风飘扬的五星红旗庄严宣誓：不辱使命，攻坚克难，团结协作，以精湛的医术、高尚的医德，救治更多的非洲人民！

飞机在塞拉利昂降落。当地医院的诊室条件很差，四壁墙皮剥落，雨季漏雨渗水、停水停电更是常事，队员们每次出诊前都要提前从水井中打水，备足当天所需。中非地处热带，白天气温可达40摄氏度，队员们出诊时穿戴着严密的隔离服、口罩和医用帽，一天下来，人都在汗里“泡透”了。尽管条件异常艰苦，但看到当地那些被病毒折磨的百姓需要帮助时，医疗队的每位队员都会全心全意地投入到工作中。医疗队的驻地里，中国国旗和塞拉利昂国旗迎风飘扬。在驻地的一间会议室内，墙上用红底黑字张贴着16字中国医疗队精神：不畏艰苦、甘于奉献、救死扶伤、大爱无疆。

在中塞友好医院埃博拉留观中心，队员们遇见了一个9岁的女孩。这个女孩刚刚失去了相依为命的母亲，自己也因感染埃博拉病毒连续3天未进食了。为了帮助女孩康复，医疗队队员们轮流为她测体温、喂药、补充水分，终于挽救了一个年轻的生命。类似的事例每天都在上演。

除了医护人员，中国政府还派出有实力、有担当的科学家奔赴疫情一线，实地调查、研发预防埃博拉病毒的疫苗。中国工程院院士、军事科学院军事医学研究院研究员陈薇就是其中的一员。

埃博拉病毒肆虐之时，陈薇院士带领团队多次奔赴塞拉利昂，研制出全球首个2014基因突变型埃博拉疫苗。这种疫苗不仅防控针对性最强，更是全球首创冻干粉剂型，在37摄氏度高温环境下可稳定保存2周以上，非常适合在疫苗冷链条件难以保障的非洲地区广泛使用，为当地抗击埃博拉病毒提供了强有力的科技支撑。

中国医疗队在一线提供救助，中国科学家在一线研发疫苗，中国人用仁心仁术赢得了当地民众的赞誉。

每当医疗队队员穿着胸前印有中国国旗图案的服装走在大街上，周围民众都会微笑着竖起大拇指，大声说："中国人，中国人，好朋友！"听到这样的肯定，中国医疗队和中国科学家们说："为了胸前的五星红旗，一切付出都值得！"

15 永远和中国兄弟在一起

2020年3月15日，塞尔维亚总统武契奇向最信任的好友——中国发出求援。3月21日，中国的专家医疗队奔赴塞尔维亚，随专机带去的，还有中国政府紧急筹集的十几吨的呼吸机、口罩、试剂盒等防疫物资。当医疗队成员走下飞机时，武契奇与他们一一碰肘，随后又在五星红旗上落下一吻，以示对中国政府和人民的深深谢意。相知无远近，万里尚为邻。中塞两国用互帮互助生动诠释着“患难之交”的含义。

塞尔维亚的前身是南斯拉夫。在新中国刚刚成立、百废待兴时，南斯拉夫便向中国伸出了援手。但是，许多中国人对塞尔维亚最深刻的印象定格在1999年。那年的5月7日晚，北约战机轰炸了位于贝尔格莱德市中心的中国驻南斯拉夫大使馆，3名中国记者遇难，20多名中方人员受伤。后来，为了缅怀英烈，贝尔格莱德市政府在被炸的中国使馆前建造了一块黑色的大理石纪念碑，上面镌刻着金色的塞尔维亚文和中文：谨此感谢中华人民共和国在塞尔维亚共和国人民最困难的时刻给予的支持和友谊，并谨此缅怀罹难烈士。这座纪念碑前常常铺着鲜花和五星红旗。

2006年6月，南斯拉夫联邦正式解体，塞尔维亚共和国成立。同年8月20日，中国与塞尔维亚建立了外交关系。2019年的第二届"一带一路"国际合作高峰论坛期间，习近平主席对塞尔维亚总统武契奇说："塞尔维亚是中国在欧洲的铁杆朋友。"

现在，每年有近万名塞尔维亚人在孔子学院和孔子课堂学习汉语，也有越来越多的中国游客到塞尔维亚旅游观光。无论风雨、患难与共，中塞两国之间始终保持着钢铁友谊，情比金坚。

16 别怕，五星红旗护你回家

一个普通的早晨，在苏丹喀土穆从事矿业工作的岳远志还在睡梦中，就被窗外的枪响惊醒。

这一天是2023年4月15日，苏丹多地突发武装冲突。岳远志在喀土穆的住所距离冲突方之一——快速支援部队的营区很近，直线距离约1千米。营区附近交火十分激烈，他的住宅外墙上满是枪眼。岳远志赶紧冒着枪林弹雨转移到相对安全的朋友家里。转移的时候，他亮出自己的中国人身份，负责封锁的武装人员随即将他放行。

接下来的日子非常难熬，喀土穆连夜的激战让人难以入眠，当地网络和通信讯号时断时续，给家人报平安都成为一件困难的事。在最焦虑和无助的时刻，他收到了中国驻苏丹使馆计划组织中国公民集中撤离的消息。

“在凌晨两点打来的电话中，使馆工作人员告诉我早上在使馆集合。要撤离了，我高兴坏了！”当地时间4月25日凌晨，岳远志接到中国驻苏丹使馆打来的电话。

挂了电话之后，岳远志赶紧和朋友们把三辆车加满油，装上一些物资，一大早就抵达了中国驻苏丹使馆。在那里，他看到很多同胞把五星红旗贴在撤离车辆醒目的位置，于是他也和朋友把国旗贴在了三辆车的车头上。

当撤离的中国同胞晚间抵达苏丹港中转站后，中国工作人员热情地接待了他们。巨大的军舰上，悬挂着的五星红旗迎风飘扬，船舷亮出“接大家回家”的醒目标语。在场几乎所有中国同胞顿时热泪盈眶，人群不停高呼“祖国万岁”“感谢祖国”的口号，随后齐声唱起了国歌。在军舰护送同胞回家的途中，官兵们拿出所有来自家乡的食材，请大家吃上了地道的中国菜，这是远离故土的同胞出国几年来吃到的最香的家乡菜。

从危险动荡的异乡，回到平安温暖的中国，大家深切地感受到了“祖国是人民最坚实可靠、最坚强有力的后盾”这句话的含义。

中国

第五章

十四亿护旗手

1 战俘营里的战斗

1950年6月，美国向朝鲜发动了侵略战争，战火烧到了鸭绿江。10月19日，中国人民志愿军为了保卫世界和平，高举“抗美援朝，保家卫国”的旗帜，开赴朝鲜战场，与朝鲜人民并肩作战，抗击侵略者。

在战斗中，由于战场形势复杂，敌我斗争变化莫测，有一些志愿军战士不幸被敌人关进了设在济州岛上的战俘营。在那里，志愿军战士们惨遭迫害，受到非人的待遇。敌人用尽种种卑劣的手段，妄想迫使志愿军战士们背叛祖国，但是他们的阴谋始终未能得逞。

1952年国庆节，在济州岛战俘营爆发了一场特殊的战斗。为了反击敌人，被俘的志愿军战士们决定在10月1日当天升起五星红旗。如果敌人干扰，战士们就同他们斗争到底，誓死保卫自己的国旗。

没有国旗可怎么办呢？战士们找来了军用雨布，刮去上面的橡胶，用红药水把布染成红色，再用药丸染出五角星。由于红色面积大，红药水很快就没有了。这个时候，不知是谁说了一句："用我们的热血！"于是，一滴滴鲜红的血带着志愿军战士的体温染在了雨布上。庄严的五星红旗制成了，他们围着国旗宣誓："让祖国人民知道，我们永远忠于祖国！"

10月1日早7时，五星红旗在战俘营升了起来。志愿军战士们列队向国旗敬礼，高唱国歌，高呼口号。歌声和口号声此起彼伏，响彻济州岛上空。

美军如临大敌，急忙调来11辆坦克、千余名士兵，将战俘营团团包围。他们大喊大叫，要求志愿军战士们5分钟内降下旗来。志愿军战士们则据理力争："根据国际公约，战俘有权庆祝自己的国庆！"美军理屈词穷，蛮横地狡辩，说这是命令，必须执行！志愿军战士们斩钉截铁地回答："你们这种违反战俘正当权利的命令，我们是不会执行的！"气急败坏的敌人兽性大发，他们向护卫五星红旗的志愿军战士们施放毒气弹。但是,志愿军战士们毫不畏惧,手挽手、肩并肩,坚定地挺立在国旗下。美军穷凶极恶,竟开动坦克冲来,坦克上的轻重机枪喷出了罪恶的火舌。然而,志愿军战士们毫无惧色,前面的人倒下了,后面的人又跟了上去……就这样,为了保卫五星红旗,为了捍卫中华人民共和国国旗的尊严,56名志愿军战士流尽了鲜血,109名志愿军战士负了重伤……

2 第一面进入西藏的国旗

1951年5月23日,随着《中央人民政府和西藏地方政府关于和平解放西藏办法的协议》的签订,西藏和平解放,解放军分三路进驻西藏。1951年8月,西北军区派遣第十八军独立支队由青海香日德出发开赴西藏拉萨。

为了给独立支队进藏提供后勤保障,西北军区组织了一支由20000多头牲畜、3000余名战士和驼工组成的运输队伍。出发之前,战士和驼工共同制作了一面五星红旗。这面1.5米见方的国旗由多块红布拼接而成,上面不太规整的黄色五角星是用黄布剪好再缝上去的。

这面五星红旗虽然质朴,但指引着队伍前进的方向。

在阵阵驼铃声中,绵延数千米的驼队边走边探路,翻过了白雪覆盖的巴颜喀拉山,蹚过了布满水洼、沼泽的黄河源区。他们走了4个月,行程近2000千米,总共运粮2000吨。数百名队员牺牲在进藏途中,平均每前行500米就有一头牲畜倒下,但是没有人停下脚步。饿了,就抓起一把炒面;渴了,就嚼几个"雪豌豆"(冰雹);冷了、困了,就睡在骆驼脖子底下。每个人心中只有一个信念:不管再难再险,也要举着国旗前进,将物资运抵拉萨。

1951年12月,他们终于抵达拉萨并驻留下来。由于西藏物产不丰,交通不畅,经济贫困,进藏部队根据中央"进军西藏,不吃地方"的方针,不向西藏地方征粮。时间到了1953年春,这时的粮食供应已经万分紧张了,所有存粮不足4个月,驻藏部队及工作人员生活无法保障……

为缓解西藏物资紧张的情况，中共中央西北局紧急组建西藏运输总队，在原有基础上将驼队扩充至骆驼28000头，驼工数千名，紧急驰援西藏。

这一路，依然艰难困苦。高原地带积雪没膝，驼工们手执铁耙，扒雪开路，每前进一步都要付出超常的体力。寒冷缺氧，负重超过200千克的骆驼耐力骤降，疲惫不堪。但是，凭借惊人的毅力和坚韧的品格，驼工们徒步1438千米，仅仅用了不到2个月，就将第一批近500吨的粮食突击运抵西藏。他们牵着骆驼，盯着远处楼房上的五星红旗疾行，近2个月的生死征途，在看到国旗的一瞬间终于画上句号。

虽然当时西藏的粮食危机化解了，但为了执行这次任务，我们损失了百名驼工和上千头骆驼。这成为修筑青藏公路的原因之一。

1954年5月，由1200多名驼工组成的多支筑路工程队，从格尔木向昆仑山的雪水河进发。随后，西北军区第五工兵团派出500人来青藏线投入筑路战斗。

他们用了7个月零4天的时间，打通了横越“世界屋脊”的青藏公路，创造了一个奇迹！

第一面进入西藏拉萨的五星红旗作为国家一级文物被妥善保管，西藏运输总队也早已成为历史。如今，青藏高原交通路网不断建设，前往拉萨之路已成坦途。

3 为了国民的"国旗意识"

1983年2月的一天，一队小学生来到天安门广场观看升国旗仪式。仪式过后，老师请执勤的战士给孩子们讲讲有关国旗的知识。班长董立敢毫不犹豫地拿起话筒，以自己有限的知识储备，认真地讲了起来。

同学们听得津津有味，但并不满足。董立敢话音刚落，一个个问题就连珠炮似的提了出来："第一面国旗是谁缝制的？""国旗的旗杆套为什么是白色的？"……董立敢被问住了，要不是老师上来解围，他真不知道该如何下台。

回到驻地后，董立敢久久不能平静。作为国旗卫士，不了解国旗，怎么能完成好任务呢？他把自己的想法和战友们一说，大家都有同感。中队党支部对他们的意见十分重视，很快就做出决定：国旗班在完成警卫任务的同时，要积极开展宣讲国旗和人民英雄纪念碑的活动，以此激发广大群众的爱国热情。

国旗班的战士们立即投入了编写讲稿的工作中。手头没有资料，董立敢就到历史博物馆去求教。馆长被他的爱国精神所感动，特地将他带到珍藏室，把历史资料一件件地找出来。在那里，他亲眼看到了政协会议公布的国旗征集启事、全国近3000幅应征图案、精选后的38幅图案及第一面五星红旗等珍贵的文物。征得馆长同意后，董立敢抄录了不少文字资料。经过认真地思考、整理，他写出了第一份约3000字的讲稿。

没过多久，天津市黄纬路小学300多名师生在观看升国旗仪式后，请董立敢讲解国旗。这是国旗班第一次对学生进行正规的爱国主义教育。董立敢讲得非常成功。从此，宣讲的任务便接踵而来：从中小学生到大学生，从厂矿、部队、机关到少管所、监狱，从北京、天津到全国各地……

背诵《国旗讲稿》成了每一名国旗班战士的必修课。上台演讲，不但要讲普通话，而且要吐字清晰、抑扬顿挫、富有感情。战士们来自五湖四海，方言各异，再加上有的战士文化水平较低，困难可想而知。但是，有什么困难能难倒国旗班的战士们呢？他们清晨便起来练习，还买来收音机，跟着播音员一句一句地学普通话。为了给听众呈现完美的形象，提高演讲效果，战士们对着镜子一遍遍地练：看头抬高了还是低了，嘴张大了还是小了。

后来，国旗班的战士个个对《国旗讲稿》烂熟于心，人人都能随时承担演讲任务，那份《国旗讲稿》也经过千锤百炼，日臻完善了。

4 《中华人民共和国国旗法》的诞生

1990年10月1日，是《中华人民共和国国旗法》实施的第一天。在祖国960多万平方千米的大地上，一面面鲜艳的五星红旗迎着朝阳冉冉升起，是那样热烈，又是那样隆重。然而，你也许不知道，这部法律的诞生，与一个普通人的名字紧紧地联系在一起，他就是全国人民代表大会代表、江苏省南通市如皋工艺丝毯厂的副厂长李玉坤。1988年10月，他向全国人大常委会提出了“尽快制订张挂国旗具体办法的建议”。

李玉坤提出这样的建议，并不是偶然的。1986年，他随企业家代表团去美国考察，发现许多重要场所都悬挂着美国的国旗，这使他受到很大的触动。同年10月1日国庆节那一天，他在热闹的如皋街头转了许久，却没有见到一面五星红旗，心里很不是滋味。这使他又联想起了另一件事。

1985年5月，美籍华人卡尔女士带着她的子女重返故乡如皋。临走前，她一心想找一件珍贵的礼物给孩子们留作纪念。她在如皋城里东奔西走，最后选中的是五星红旗。当她从营业员手中接过鲜艳的五星红旗时，眼眶里已满是晶莹的泪花。她亲吻了国旗后，郑重地把国旗交给了孩子们："请记住，你们是中华儿女。"陪伴着他们的李玉坤也禁不住眼睛湿润，心潮翻滚。

当天晚上，强烈的爱国意识和人民代表的责任感，促使李玉坤奋笔疾书。他在《建议》中写道："……制作一面五星红旗的费用是十分有限的，而她在人们心目中所起的作用是无限的，是无法用金钱来衡量的……国旗的存在对唤起人们的国家观念，往往起到一定的辅助作用；升旗、降旗绝不是一种形式，其意义极为深远。为此，我建议有关部门立即采取措施，做出必要的规定……"

这个建议受到了全国人大和国务院的高度重视。从1989年3月起，国务院相关部门开始了《中华人民共和国国旗法（议案）》的起草工作。经过一年多的调查研究，数次修订和广泛征求意见后，第七届全国人大常委会于1990年6月28日，审议并通过了《中华人民共和国国旗法》。《中华人民共和国国旗法》自1990年10月1日起实施。从此，中华人民共和国国旗的使用和管理走上了法制化的道路。

5 祖国尊严高于一切

陈新民是原南京军区福州总医院儿科主任医师，也是我国著名的儿科专家。1989年11月26日，美国和法国医学界主办了第三届世界小儿心脏病学术大会，陈新民应邀出席。

大会开幕那天，陈新民走进宾馆大礼堂的前厅，那里悬挂着会议参加国的近百面国旗。他扫视了一圈，发现其中竟然没有中华人民共和国的五星红旗！陈新民当即向大会组委会和宾馆管理人员严正交涉，声明："必须悬挂中国国旗。不挂五星红旗我决不进会场！”和他一同参加会议的中国代表一致支持这项声明。

经过严正交涉，组委会负责人承认自己工作“疏忽”，马上赔礼道歉，并立即派人悬挂了中国国旗。十几分钟后，一面鲜艳的五星红旗出现在国旗丛中。陈新民和其他中国代表豪情满怀，站在五星红旗下合影留念，然后进入了会场。会场里，来自世界各国、各地区的近千名专家、教授，对中国代表维护祖国尊严的正义行动，报以热烈的掌声。

在这次会议上，陈新民的两篇论文受到与会专家、学者的一致好评。事后有人问他：“你在会议开幕之前提出国旗问题，不担心自己潜心研究十多年的成果付诸东流吗？”陈新民坦然一笑，说：“作为学者，论文固然重要，但作为中华儿女，祖国的尊严高于一切！”

陈新民维护祖国尊严的正义行动，并不是一次偶然。他在国外长大，新中国成立后回国上了大学。大学毕业后，他参加了中国人民解放军，献身于祖国的医学事业。他是儿科医生，经他手治好的孩子不计其数，他研究出的科学成果和撰写的论著在国内外享有盛誉。陈新民有很多亲属在国外，伯父是泰国的亿万富翁、华侨领袖，很希望陈新民到泰国去发展。然而，陈新民的回答是："科学没有国界，但祖国只有一个。我是新中国哺育的第一代知识分子，我要在国内效力，多出成果。"

陈新民以优异的成绩赢得了祖国和人民的信任。2015年9月，他被授予"中国人民解放军儿科医师终身成就奖"；2016年10月，又被授予"中国儿科医师终身成就奖"。

因为大爱于心，所以大爱无疆。陈新民曾说："爱，应是一种炽热的情感和无私的奉献，尤其是对祖国的爱。为了她，可以舍弃荣华富贵；为了她，可以用无穷的斗志去创造；为了她，可以历尽千辛万苦而痴心不改。"陈新民以实际行动践行了自己的诺言。

6 一定要升起五星红旗

1990年5月，联合国儿童基金会在荷兰举行“世界儿童为和平为未来”活动。应邀参加这次活动的84位少年儿童，来自57个国家。北京二中的学生梁帆，是唯一的中国代表。

经过长途飞行，梁帆来到了会议地点——荷兰诺维克。她不顾旅途的疲劳，也没有去游览如画的异国风光，而是怀着一名中国代表的自豪心情，去观赏挂在宾馆门前旗杆上的那一面面与会国的国旗。她兴奋地挨个看着，寻找着。“奇怪！怎么没有我们中国的国旗呢？”笑容从梁帆的脸上消失了。

从小学到中学，梁帆在学校参加过无数次升国旗仪式。那冉冉升起的五星红旗，在她的脑海中烙下了深深的印记。她想起了天安门国旗护卫队的叔叔们在学校做升国旗示范时讲的话:“国旗是象征国家的旗帜。按照国际惯例,凡是涉外单位、重大节日、集会、国际会议都应该悬挂国旗。”她想:为什么在这样大型的国际会议上,却不悬挂中国国旗呢?我是中华人民共和国参加这次会议的唯一代表,一定要问明白,这究竟是怎么回事!

梁帆找到活动组织人罗西,严肃而有礼貌地交涉:“我怎么没有看到我们中国的国旗?一定要升起中国的五星红旗,因为我是代表中国来这里参加活动的。”

听了梁帆的话,罗西——这位70多岁的老太太睁大了诧异的眼睛。她慈爱地抚摸着梁帆的头说:“当然应该升起中国国旗,我非常理解你的心情。只是由于某种原因,我们没能及时找到中国国旗。”

在宴会就要开始的时候,梁帆再次郑重地向活动组织者提出:宴会开始前一定要升起五星红旗。如果找不到的话,她就把粉红色的餐桌布染成红色,做一面中国国旗。

经过多方努力,中国的五星红旗终于在宴会开始前,飘扬在了诺维克的上空。在宴会上,梁帆不禁流下了激动的热泪……

梁帆，这位新中国的好少年，通过自己的努力，维护了祖国的尊严。人们称赞她不愧是“合格的中华人民共和国代表”。

7 鲜血洒国旗

1995年5月21日，瑞士洛桑梅里体育馆内，苏迪曼杯世界男子羽毛球比赛正在激烈地进行着。当中国队击败印尼队，首次夺得苏迪曼杯时，体育馆里沸腾了。到场的中国留学生、华侨不停地为中国队欢呼，看台上的中国球迷把一面五星红旗抛给了场内的中国选手。中国选手高擎着五星红旗绕场一周，飘舞的五星红旗更激起了中华儿女的爱国热情。

就在这时，一件令人难以容忍的事件发生了。坐在看台上的中国使馆的工作人员，正准备把另一面国旗交给场内的中国选手。然而，输球后还在羞怒中的印尼队副领队，一把抢过了五星红旗，气急败坏地撕下一个角，肆意践踏。

五星红旗是我们伟大祖国的神圣标志，她代表着我们伟大祖国神圣不可侵犯的尊严。在场负有采访任务的《深圳晚报》女体育记者张宁，马上冲上前去，拍下了这一镜头，并当场向印尼人提出了强烈抗议，索要被他们踩在脚下的中国国旗。蛮横的印尼人非但不给，还从张宁手中抢走了相机，并把相机中的胶卷拉出来曝光。为了保护证据，张宁奋不顾身地冲了上去。这时，一个印尼人竟手持带有金属外壳的相机，恶狠狠地向张宁的头部连续砸去。顿时，鲜红的热血从张宁的额头上淌了下来……印尼队队员阿迪还在一旁对愤怒的中国观众说难听的话，他立即被场内的两名保安架了出去。

全场的观众都被印尼队的粗暴行为震惊了，激怒了。中国体育代表团就此事与有关人员进行了严正交涉。

一位在场的国际羽联官员对此表示："输了球就撒野，就打人，就撕别国的国旗。这种行径，任何一个国家都不能容忍。”

中国女体育记者张宁热血洒国旗的爱国壮举传遍了瑞士洛桑，更传遍了世界各地，人们纷纷对某些印尼人的粗暴行径进行了谴责，更对张宁维护祖国尊严的英雄行为给予了高度评价。

8 让国旗走进千万家

家住上海共和新路1895弄26号楼的居民，从1999年就开始自发开展升挂国旗活动了。这幢居民楼轮换了数任楼组长，但每逢劳动节、国庆、春节等节日，升挂国旗活动一定不会缺席。

后来，这里的升挂国旗活动成为周边居民共同关注、一起参与的“庄重之事”，被称作“小区里的爱国主义教育课堂”。他们的行动带动了其他一些小区。有的退休老党员自发组建国旗队，每逢节假日便在小区内举行升国旗仪式。一开始，小区居民对于升国旗仪式只是远远观望，后来，越来越多的人会参与其中。到了国庆节当天，那就更热闹了！居民们把广场挤得满满当当，共同等待国旗升起的庄严时刻。

2016年12月，上海市精神文明建设委员会办公室主办了“国旗在心中——国旗进社区”活动，首次向全市100个文明小区授旗。国旗进社区活动，对居民来说，是一堂生动的爱国主义教育课。国旗设计者曾联松的孙子曾滔回忆说：“爷爷经常叮嘱我们要维护国旗尊严，要将五星红旗装在心中，不管走到哪里，都不要忘记自己是中国人。”

如今，祖国各地的社区里，每逢重大节日常飘扬着“中国红”。每个人看到飘扬的国旗，内心的自豪感就会油然而生，爱国热情在社区的家家户户之间传递。那一面面红旗，是中华儿女在用最直接、最质朴的方式，描述身为中国人的骄傲，共同祝福伟大的祖国繁荣富强、国泰民安。

9 国旗情缘

在浙江德清农村长大的姚金庆，2001年创办了一家生产高档特宽提花布和装饰布面料的公司。

有一天，他接到了一位北京的朋友发来的订单。他按照常规要求，像往常一样发货，谁知几万米的面料竟因为质量问题被退了回来！原来，这位朋友所在的企业是北京市政府唯一指定的国旗定点生产企业，也是中央组织部指定的党旗定点生产企业。而他发过去的面料，是打算用来生产国旗、党旗的原材料，质量要求非常高，不能有任何的瑕疵。

姚金庆非常自责，他对负责生产的儿子说："不要小看这一点瑕疵，这代表国家荣誉与形象。"这句话，深深"种"进儿子的心里。从那以后，他们再也没有出现过被退货的事。一年后，他的公司成了国旗、党旗面料定点企业。天安门广场每天升降的超宽独幅五星红旗，里面就有他们的智慧和心血。

2007年3月，北京奥组委就奥运会旗帜工程公开招标，姚金庆的公司所提供的布料一举中标，要承担50万米旗帜面料的生产任务。为了保质保量让这50万米面料如期交货，公司70台机器开足马力，父子俩忙得连轴转，终于保证了出产的每一米布料都没有任何问题。

长期与国旗打交道，爱国旗、护国旗已经变成父子俩生命里的一部分。只要看到国旗，他们心中就会情不自禁地涌起一份眷恋。姚金庆与新中国同龄，见证了中国日新月异的变化。从三年困难时期食不果腹到如今衣食无忧，从坑洼泥路到现在平坦大道，从凭证明出行到现在可以去世界各地旅游，是国旗给了中华儿女如今的幸福生活。

虽然现在父子俩已经搬进城里居住了，但乡下的老房子前，总会飘扬着一面国旗。逢年过节时，他们就换上一面新的。当鲜艳的国旗在风中飘扬的时候，他们的耳边就好像有国歌响起，雄壮而嘹亮。

10 田川知法护旗

新安镇是四川省一个不知名的小镇，田川是这个不知名小镇上的一个普通的孩子。但是，在一次学校举行的升国旗仪式后，田川成了全校师生的榜样。

事情是这样的。田川爸爸是乡政府的一名干部，妈妈是个久治不愈的老病号。几年来，爸爸带着妈妈四处求医，钱花了不少，可妈妈的病就是不见起色。后来，听说邻村有位省城大医院的名中医，退休还乡开了诊所，田川爸爸就带着田川妈妈去投医。

老大夫果然医术不凡，两个疗程不到，田川妈妈的病情就大有好转。

田川一家好高兴啊，他们决定给老中医送一面大锦旗，表示感谢。田川主张在锦旗上写“春满人间”，因为老中医治好了许多疑难病症，给病人们带来了美好的春天。

事情商定后，田川就上学去了。田川爸爸一番打听后，得知做这样尺寸的一面锦旗得花不少钱，他有点心疼。他猛然想起，办公室里有面新国旗，买来后一直放着没有挂过，不如把国旗拿来改制成锦旗。

田川爸爸跑到办公室，悄悄地把那面五星红旗取回了家。他找了一把尖嘴剪刀，让田川妈妈帮着裁剪。

这时，田川回来了。他看到后连忙抢过国旗，生气地说："你们这是干什么？为什么要毁国旗？"

问明情况后，田川仔细地把国旗抚平，认真地说："爸爸、妈妈，我们在学校里刚学过《中华人民共和国国旗法》。"说着，他从书包里拿出那本小册子，念了起来："中华人民共和国国旗是中华人民共和国的象征和标志，每个公民和组织，都应该尊重和爱护国旗。在公共场合故意以焚烧、毁损、涂划、玷污、践踏等方式侮辱中华人民共和国国旗的，依法追究刑事责任；情节较轻的，由公安机关处以十五日以下拘留。"

听了田川的话，爸爸、妈妈知道自己这样做是要违反

《国旗法》的，也意识到私自拿办公室用品的行为不对。他们依照田川的意见，买布为老中医做了一面锦旗。

那次升国旗仪式，田川对着国旗，虔诚地行着队礼，心里像灌了蜜一样甜。

11 国旗庄严，不容有误

2016年的里约奥运会上，当中国选手杜丽、易思玲站在颁奖台上时，人们发现，升起的中国国旗细节有误——四颗小五角星竟然是平行的。在接下来中国队摘得奖牌的颁奖仪式上，五星红旗图案都不对！

根据《国旗制法说明》的规定，中华人民共和国国旗是五星红旗，旗面为红色，长宽比为3∶2。左上方缀黄色五角星五颗，四颗小星环拱在一颗大星的右面，并各有一个角尖正对大星的中心点。

每一个中国人都明白国旗上的五颗五角星的意义。大五角星代表中国共产党,四颗小五角星环拱在大五角星之右,各有一尖正对着大五角星的中心点,象征着中国共产党领导下的革命人民大团结。

中国奥运代表团第一时间就发现了颁奖仪式上中国国旗错误,当场向里约奥组委提出抗议,要求立即纠正错误。里约奥组委对颁奖仪式上中国国旗出现错误一事深表歉意,同意重新赶制用于颁奖典礼的中国国旗。

奥组委委托制作国旗的第三方公司位于巴西圣保罗州,距离圣保罗市约75千米。为督促厂家尽快完工,中国驻圣保罗总领馆组织专人赶赴厂家。经过30个小时加班加点的工作,厂家终于制作好了正确的中国国旗。

五星红旗代表着我们伟大祖国神圣不可侵犯的尊严,不容有一丝差错。当五星红旗在体育竞技的赛场上冉冉升起时,它不仅代表着运动员的荣誉,更是整个国家的象征。守护好我们的国旗,捍卫祖国尊严,是每个中国公民应尽的责任和义务。

12 守护国旗，守护香港

2019年8月3日，几名身着黑衣的蒙面暴徒攀上香港尖沙咀天星码头的旗杆底座，迅速将五星红旗降下并扔入海中。这一令人发指的行径，点燃了爱国爱港人士的怒火。全国政协副主席、香港特区前特首梁振英在自己的社交账号这样写道："香港上空的五星红旗代表着鸦片战争以后屈辱时代的结束，代表着14亿中国人民收回香港的共同愿望，代表着和平统一的第一步，代表着中华民族百年不屈的精神。"

香港特区屯门区议会议员陈文伟当晚便和好友在聊天群里商量，准备发起护旗行动。好几个朋友立即报名，还有更多人自发和他联系，要求加入。

4日，陈文伟宣读声明，对暴徒侮辱国旗的行为表示强烈愤慨，并表示国旗是国家的象征和标志，大家都应该尊重国旗、热爱祖国。随后，参加活动的人面向国旗肃立，抬头仰望国旗，高唱国歌。

“激进示威者的行为是很不理性的，这些行为不会让香港更好。”

“一些极端分子醒醒吧，中国是我们的家，大家一起来爱护。”

活动吸引了其他市民参与其中，大家共同高呼“守护国旗”的口号，谴责侮辱国旗的行为，并呼吁作为中国人，要爱护自己的国旗。其他香港市民举行多场活动，表达维护香港和平稳定的决心和支持“一国两制”的坚定信念。

5日一早，香港岛北角的培侨中学内，几十名学生、老师、校工自发聚集在操场上，共同举行升国旗仪式。培侨中学校长伍焕杰说：“此前的时候，每周一全校师生都会在操场上升国旗、唱国歌。虽然现在是暑假，但我们还是决定在周一举行这次‘特殊’的升国旗仪式，因为大家都觉得自己是14亿护旗手的一员，要一起尊重、保护国旗。”

即使与祖国相距万水千山，世界各地的中华儿女也在用赤子之心守护国旗,守护香港。

2019年8月17日上午,在澳大利亚悉尼的贝尔莫尔公园里,几千名黄皮肤、黑头发的华人华侨聚集在一起,他们举着一面面五星红旗,将公园装点成了红色的海洋。在振奋人心的中华人民共和国国歌声中,人们不断高喊着“只有一个中国”的响亮口号!这是澳大利亚华人华侨在悉尼举行的“爱国护港、反对暴乱”和平集会。这一天,每一位到场的华人华侨仿佛都是国旗代言人。他们有的身披国旗,有的高举国旗,有的奋力挥舞着手中的国旗,走过唐人街,走过乔治街,走向位于市中心的悉尼市政厅。他们一遍遍高喊“中国一点都不能少”的口号,一遍遍向全世界表达着守护香港、反对暴乱的决心。

人群中,一位拄着拐杖的白发老者格外引人注目,他身穿印有五星红旗的北京奥运会纪念服,虽然腿脚不便,但精神矍铄。在他的身旁,是一位身穿中国红上衣,一手推着婴儿车、一手抱着孩子的年轻妈妈,老中幼三代默契地行走在游行队伍中,像是在宣告游行队伍的态度:不管是正当年的年轻人,还是老弱妇幼,大家全部坚持一个中国原则！

街边的一处华人餐馆贴上了一面巨大的五星红旗。五星红旗下的标语振奋人心："老板说了，今天执中国国旗进店，全部半价优惠！"行至这家餐馆时，大家的口号更加响亮了。

这天的北京时间11时左右，游行队伍到达了悉尼市政厅。一时间，市政厅附近到处都是五星红旗、香港特别行政区区旗和爱国爱港的标语。一位年逾古稀的华裔老人上台演讲，她说："我出生在马来西亚，住在澳大利亚36年，但我已经回中国50多次了！不管人在何方，我的心永远是中国心！"台下的人群沸腾起来，一面面五星红旗涌动了起来。

那个周末，全球各地的留学生都在进行"爱国护港"活动。美国纽约唐人街的孔子大厦前、德国柏林勃兰登堡门前、法国巴黎圣米歇尔广场等地，华人华侨与留学生自发聚集，他们高举五星红旗，高喊着爱国口号。在一场反"港独"集会中，天空下起了雨，当地的华人华侨、留学生自发地举起雨伞，将最大的那面五星红旗团团围了起来。在他们看来，五星红旗飘扬的地方，就是中国人的精神家园，他们要用五星红旗守卫一个中国!

自1997年回归祖国怀抱的那一刻起,香港就成为五星红旗下的行政特区,重新纳入国家治理体系。“一国两制”在香港的实践,就像一棵幼苗,在风雨中茁壮成长,结出累累硕果。虽然香港局势一度严峻,但党中央坚持“爱国者治港”原则,推动香港局势实现由乱到治的重大转折。

千山一脉,万水同源,香港的命运从来都是同祖国紧密相连。现在,我们的祖国强大兴盛,足以给香港的发展提供强大动力。香港同胞也能继续弘扬爱国爱港的光荣传统,和全国各族人民同心协力、携手并肩,风雨无阻、勇往直前。

13

大好河山，寸土不让

北京向西4000多千米，向上海拔4000多米，有一条叫作加勒万的河谷，深深锲在西部边境的喀喇昆仑山脉之中。从这里向四周放眼望去，绵延的雪山和碧蓝的天空连接在一起。

西藏阿里军分区某边防团都木契列哨所，就位于距离边境线不到3000米的山脚下。山的两侧有长20多米的国旗和军旗图案。这是建哨之初，全体哨所官兵一起用石头垒建的。每年“八一”建军节之前，战士们会重新粉刷这两面旗帜，它们是高原戍边官兵的一种精神寄托。

2020年6月，印方部队公然违背中印两国达成的共识，越过实控线，蓄意发动挑衅。边防团团长祁发宝带了几名官兵，蹚过齐腰深的河水，与对方谈判交涉。在交涉过程中，对方早有预谋地潜藏、调动大量兵力，用钢管、棍棒、石块发起攻击，想凭借人数优势迫使我方退让。

祁发宝临危不惧，指挥官兵迅速组成战斗队形，与人多势众的印军对峙，自己则张开双臂顶在最前面阻挡印军渡河，就像一堵墙一样。在他身后不远处的崖壁上，有他刚任团长时带领官兵刻下的八个巨幅大字：大好河山，寸土不让！

突然，他的左前额被一块石头砸中，顿时血流如注。

“团长快走！”有人伸手去拉祁发宝，想把他拉进身后的人墙里保护起来，却被他用力甩开：“你们先撤！快！快——”话还没说完，祁发宝由于头部受到重创，眼前一黑，晕了过去……

“保护团长！”机步营营长陈红军带着两名盾牌手，迎着“石头雨”“棍棒阵”冲上前去，用身体和盾牌隔开印军，掩护战友将团长救出。当他指挥部队向有利地形有序转移时，忽然看到几名战友被对方围攻。陈红军毫不犹豫地转身，带领官兵再次冲锋。战士陈祥榕作为盾牌手战斗在最前面，摄像取证的肖思远也冲到前方投入战斗，王焯冉渡河前去支援。

战斗从白昼持续到黑夜，增援队伍及时赶到，一举将来犯者驱离，我军取得重大胜利。印军溃不成军、抱头逃窜，丢下大量越线和伤亡人员，付出了惨重代价。

在那场战斗中，祁发宝血染河谷，身负重伤；陈红军、陈祥榕、肖思远、王焯冉壮烈牺牲。这些英雄的边防官兵把青春、鲜血乃至生命留在喀喇昆仑高原，筑起巍峨界碑。

为表彰他们在边境冲突中誓死捍卫国土的壮举，中央军委授予祁发宝"卫国戍边英雄团长"荣誉称号，追授陈红军"卫国戍边英雄"荣誉称号，给陈祥榕、肖思远、王焯冉追记一等功。

"清澈的爱，只为中国。"这是18岁的陈祥榕烈士曾写下的战斗口号。当时，班长孙涛问他："你一个'00后'的新兵，口号这么'大'？"陈祥榕无比坚定地答道："班长，这跟年龄没关系，我就是这么想的，也会这么做的。"

战友们整理遗物时，看见肖思远在一篇战地日记中写道："走在喀喇昆仑，我们就是祖国的界碑，脚下的每一寸土地，都是祖国的领土，无比自豪！"

边防官兵们用实际行动践行着诺言:“我站立的地方是中国,我用生命捍卫守候。哪怕风似刀来山如铁,祖国山河一寸不能丢!”

14 让国旗飞出最美的样子

2022年7月1日,上午8时,在香港维多利亚港边的金紫荆广场上,香港回归祖国25周年庆典正在隆重举行。当乐队奏完国歌最后一个音符、五星红旗和紫荆花区旗升到旗杆顶端的那一刻,悬挂着国旗和区旗的飞行机队以“一支箭”的队列造型,飞越维多利亚港的上空,蔚为壮观。

为了这一幕的呈现,香港特区政府飞行服务队做了万全的准备。

在飞行前,直升机务教官蔡泽民要对国旗进行周密的检查。这是一面在具备资质的厂家专门定制的巨大国旗。

国旗大,就会有拼接。蔡泽民郑重地套上鞋套,戴上白手套,拿着夹有《国旗及国徽条例》的文件夹,主要检查国旗的色泽是否饱满、均匀,接缝是否平整,四条边上有没有线头等,特别要注意的是,五颗星星处不能有接缝。

这只是第一步。随后,他们要把这面国旗悬挂在直升机下方。这可没有我们想象得那么容易。直升机低空飞行,气流大,容易卷起沙石,碰到树杈,很可能划伤旗帜。为了避免这些情况的发生,蔡泽民与同事用细绳和钢索在旗帜周边做了加固处理。悬挂时,他先将旗袋挂上直升机,下面吊上金属稳定器,待直升机在空中悬停后再解开旗袋,让旗帜完全展露。

此外,他们还面临一个挑战,那就是直升机数量的增加。以往的空中护旗梯队,一般是两架直升机,但是这次,不仅直升机增至四架,还增加了一架固定翼飞机。直升机梯队队形也发生了变化,不再是单线排列,而是改为前面两架一先一后分别悬挂国旗、区旗,后面两架在斜后方左右护卫,整体呈箭形排列。

你也许会问:不就是增加了几架飞机吗? 这有什么

难？事实上，这非常难。因为每增加一架飞机，飞行难度就会成倍增加，更何况是增加了三架。

领航机长叶伟雄1999年加入香港特区政府飞行服务队，直升机飞行时间超过7000小时，但作为机长驾驶悬挂国旗的领航机执行空中护旗任务，这是第一次。“悬挂着国旗飞行，这是莫大的荣耀，也是莫大的责任，不容有失。”叶伟雄说。

当天上午7时54分和58分，直升机队和固定翼飞机先后从港岛的西侧和西南侧出发，沿维多利亚港上空向东飞行。蓝天上，叶伟雄小心翼翼地控制着飞机的速度；地面上，总机师施云龙打开飞行路线图，精确到秒，不允许有丝毫误差。

8时整，“一支箭”队形的空中护旗梯队飞经金紫荆广场旗杆斜上方，让国旗飞出了最美的样子。

第六章
增辉的人

1 地质之光

李四光是我国著名的地质学家。他创立的地质力学理论影响深远。在这个理论的帮助下，我国不仅能比较准确地预报地震，还找到了地下水，找到了地热，找到了金刚石成矿带，找到了大型钨矿，更找到了一个个大油田，一举摘掉了“中国贫油”的帽子。

1889年，李四光出生在湖北省黄冈县（今黄冈市）。青年时代，他曾怀着报国的热情，参加了孙中山领导的辛亥革命并发奋钻研科学技术，希望有朝一日实现科学救国的梦想。

24岁那年，他考入英国伯明翰大学，先学采矿，后改学地质。他以优异的成绩完成学业后，谢绝了外国人的高薪聘请，回国担任北京大学地质系教授。他亲自带领学生到野外考察各种岩石和地质结构,风餐露宿,翻山越岭,历尽千辛万苦。

功夫不负有心人。在长年的实地考察中,李四光发现了中国第四纪冰川的遗迹。1937年,他写出了研究庐山冰川的论著。1948年夏天,他在英国伦敦举行的第十八届国际地质学会上,发表了他关于地质力学的最新研究成果,轰动了国内外地质界,更对近两百年来地质学界沿用的传统思想和研究方法产生了革命性的影响。

1949年10月1日,中华人民共和国成立了,鲜艳的五星红旗在天安门广场冉冉升起。年已花甲的李四光于1950年5月6日回到了祖国的首都北京,开启了他人生道路的新征程。

新中国百废待兴,想发展工业必须有石油。

中国真是个“贫油国”吗?不!李四光用他的“新华夏构造体系”理论否定了外国专家的谬论,证明中国在浅海、平原、盆地都蕴藏着丰富的石油和天然气。在李四光的主持下,一支庞大的勘探队伍组成了。他们走遍了祖国的山山水水,进行了全国范围的石油普查勘探。1958年,《人民日报》报道了振奋人心的好消息:松辽平原有石油。这以后,祖国各地捷报频传,华北平原、渤海、黄海……无数荒原苏醒了,平静的海底沸腾了,大庆油田、胜利油田、大港油田、华北油田……一个个大油田诞生了,滚滚的石油从地下喷了出来。

1971年4月29日,李四光逝世了。他在地质事业上的卓越成就,他对祖国社会主义建设事业的贡献,他崇高的爱国主义精神,将永远载入共和国史册。

2 "铁人"王进喜

说起"铁人",中国人都会想到一个人——王进喜。

王进喜出生在甘肃省玉门市一个贫苦的农民家庭,15岁就到油矿当学徒,受尽了资本家的剥削。在苦难的经历和恶劣的生存环境中,他练就了刚毅不屈的性格。中华人民共和国成立后，人民当家作主，王进喜顺利通过考试成为新中国第一代钻井工人。为了甩掉我国“贫油”的帽子，他率领钻井队多打井、多出油。每到打井最关键的时候，他经常连续40个小时不离井场。到了1959年，他的井队已进尺71000千米，相当于过去中国42年钻井进尺的总和，王进喜也因此被人们称为“钻井闯将”。

1959年，王进喜作为劳模代表去北京出席全国群英会。在参观首都时，有一个景象令他终生难忘，那就是来来往往的公共汽车上都背着一个大气包，气包里装的是煤气。这是因为在当时，我国的石油产量少，很大一部分靠进口，但外国人给我们设下了层层关卡。我们不屈服，就用煤气来代替汽油。看到这一幕，作为石油工人的王进喜感到了一种莫大的耻辱。这位坚强的西北汉子，竟蹲在北京的街头哭了起来。从此，这个“气包”成了他的动力之源，他横下一条心，一定要干出样来，为祖国争气。

这一天很快来到了。就在这次大会上，一个喜讯传来，李四光等地质学家进行了全国性的石油普查勘探，在大庆发现了几十米厚的油砂层。1960年春，王进喜奉命率领一二〇五钻井队从玉门开赴新发现的大庆油田。

3月的大庆,寒风呼号,滴水成冰,但王进喜的工作热情能消风化冰。钻机运到了,可吊车、拖拉机不够用,他带着大家硬是用绳子拉、用撬棍撬,把钻机从火车上卸下来,运到了井场。打井需要水,可水管一时安不上,他就带着大家用脸盆端,硬是一盆盆地端了足足几十吨,保证了钻机按时开钻。

1960年4月14日,王进喜站在冷风刺骨的钻台上,手握冰冷的刹把,自豪地大吼一声:“开钻了!”这声音威武雄壮,气吞山河,正像是王进喜在一首诗中所写的那样:“石油工人一声吼,地球也要抖三抖!”

经过5个紧张的日日夜夜,大庆石油会战的第一口油井终于喷出了乌黑发亮的原油。

创业的道路是艰难曲折的,但再大的困难也压不垮王进喜这个“铁人”。他的腿被钻杆砸伤,伤还没好,他就带头跳进泥浆池里,用身体来搅拌水泥,最终制服了险恶的井喷。他日夜奋战在井场上,饿了就啃几口窝头,困了就倒在地上眯一会儿。井场附近的老乡感慨地夸他“真是个铁人”。

正是这种“铁人精神”,让我国结束了使用“洋油”的历史,更激励了一代代的中国人。“铁人”不仅是工人阶级的楷模,他更是一个为国家分忧解难、为民族争光争气、顶天立地的英雄。

3 人民的好干部

河南省东北部有一个兰考县,兰考县出了一位人民的好干部,他就是焦裕禄。

故事还得从1962年冬天说起。那时,兰考正遭受内涝、风沙、盐碱三害。三害有多严重?拿风沙来举例吧!不夸张地说,那时兰考人走在外面,鼻子、嘴里都是沙子,咬一咬牙,都能听到嘎吱的声响。民间流传着这样一首打油诗:“冬春风沙狂,夏秋水汪汪,一年辛苦半年糠,扶老携幼去逃荒。”足见兰考百姓生活的艰难。在最困难的关头,党把焦裕禄派到了这块土地上。

困难像一副沉重的担子,压在了这个新任县委书记瘦弱的肩头上。为了治理三害,焦裕禄到任第二天就背着干粮下乡了。在以后的日子里,他亲自挂帅,和农民、技术员组成“三结合”调查队,一起观洪水、查风口、探流沙。他要摸清兰考1000多平方千米土地的自然情况,把三害彻底赶出兰考去。

焦裕禄有一句名言:“吃别人嚼过的馍没味道。”他不愿坐在办公室里听别人汇报工作,风沙越大,暴雨越猛,他越要带头下去观察。在和经验丰富的农民的交谈中,焦裕禄发现了一种不受盐碱地影响的植物——泡桐。泡桐适应性很强,根能往下扎,吸收的是土壤下层的水分,对地表庄稼的影响不大,还能起到防风固沙的作用。具有如此优势的泡桐,对于当时的兰考县来说简直是一个大宝贝。经过几个月的努力,焦裕禄掌握了大量具体而翔实的资料,制订出了一整套抗灾计划。在他的动员下,人民群众积极参与进来,在兰考大地上种下了一片片泡桐。

1963年秋天,兰考一连下了13天雨,大片大片的庄稼被淹死了。焦裕禄和县委的同志们全力投入救灾工作。这天，风越刮越猛，雨也越下越大，焦裕禄惦记着乡亲们，便顶风冒雨一连走访了9个村，看望了几十户生活困难的人家……

焦裕禄心里装的全是人民，唯独没有他自己。1964年春，他的肝病越来越重，疼痛难忍时，他就拿一个硬东西顶着肝区，继续工作。他坐的藤椅也因此被顶出了一个大窟窿。后来，县委强迫他去外地治疗，可是在火车开动前几分钟，他还在布置工作……

在兰考这片土地上，一切都在慢慢变好，但是，焦裕禄的身体却扛不住了。1964年5月14日，焦裕禄不幸去世，年仅42岁。

60多年过去了，兰考县发生了天翻地覆的变化。当年焦裕禄亲手种下的泡桐，如今已长成参天大树，成了焦裕禄精神的象征。今日的兰考，无处不是泡桐。每每见到泡桐，兰考人总会想起他们的好书记焦裕禄。

4 摘取数学的明珠

一位老师曾说过：自然科学的皇后是数学，数学的皇冠是数论，哥德巴赫猜想则是皇冠上的明珠。

那么，什么是哥德巴赫猜想呢？原来，早在1742年，德国有一个数学家叫哥德巴赫，他提出了一个猜想，即任一大于2的整数都可以写成三个质数之和，如10=3+2+5，15=5+7+3，等等。但这需要证明。哥德巴赫本人证明不了，就写信给欧洲的大数学家欧拉，可是欧拉最终也没有证明出来。不过，欧拉曾在给哥德巴赫的回信中提出了一个等价版本，即任一大于2的偶数都可以写成两个质数之和。

随着时光的流逝，世界上许多数学家相继证明了"1+2""1+1"以外的命题。如果有人能证明出"1+2"，那么离摘取明珠就只有一步之遥了。但随着证明难度的增大,要摘取这颗明珠也越来越困难了。

然而,这个哥德巴赫猜想的故事却引起了我国一个中学生极大的兴趣,他就是后来成为著名数学家的陈景润。早在上中学时,一次数学课上,当沈正元老师讲述了哥德巴赫猜想的故事后,少年陈景润就立下了要摘取这颗明珠的志向。

在以后的几十年里,他以惊人的毅力,克服了许多难以想象的困难,顽强地拼搏着。为了攻克这个难题,他废寝忘食,经常从早晨四五点开始,一直计算到深夜,用过的草稿纸能装满几麻袋。为了查找资料,他一早进图书馆,直到闭馆才出来,饿了就啃点凉馒头,喝点白开水。有一次,他看书太专心了,没听见闭馆的铃声,结果被锁在了图书馆里。直到天黑,看不清书上的字了,陈景润才抬起头,拉开电灯,然后接着查阅资料。他把整个身心都投入关于哥德巴赫猜想的研究之中。有一次,他走路撞在一棵树上,竟然对着大树问:“谁撞了我?”引得路人都笑了起来。

过度的劳累使陈景润身体消瘦,两眼深陷。胃病让他疼痛难忍,肺病让他咳嗽不止,可他仍记挂着数字和符号。

1973年，陈景润发表了一篇研究哥德巴赫猜想的论文，轰动了国内外数学界。他的这篇论文，证明了“1+2”，从而向世人宣告，中国人在哥德巴赫猜想的研究上取得了世界领先的成就。世界公认他的研究成果为“陈氏定理”。

陈景润是新中国培养的杰出数学家，是中国人的骄傲。他献身科学，为国争光的精神，永远熠熠闪光。

5 当代毕昇

早在900多年前，也就是1048年左右，北宋的毕昇发明了活字印刷术，在世界印刷史上留下了极其光辉的一页。但是，随着科学技术的飞速发展，西方国家的印刷术早在100多年前就充分利用当代机械、电子、光学等手段取代了铅字，实现了自动排版。1976年，英国的蒙纳公司研制的激光照排机，利用的已是第四代照排技术了。但西方使用的多是字母，最多也不超过200个字符，而我国使用的汉字达60000多个，要把它们快速输入计算机是世界难题。因此，我国在相当长的时间内，仍在沿用15世纪德国古登堡发明的方法，即以火熔铅，以铅铸字，以铅字排版。

面对我国落后的印刷状况，1974年，周恩来总理精心布置，国家重点科技攻关项目“汉字信息处理系统工程”，简称“748工程”启动了，北京大学的王选教授是总负责人。作为一个在五星红旗下成长起来的中国人，王选把报效祖国视为自己的神圣职责，下定决心要研制出一种比当时西方国家的技术还先进的汉字激光照排系统，让中国的印刷技术再次超越外国。

王选整夜不睡觉，像着了魔似的对着报纸“发呆”。原来，他是在研究汉字的横、竖、撇、捺、点、折的规律，研究如何把60000多个汉字快速输入计算机。经过几个月的苦心钻研，他终于研发出了一套高倍数、高分辨率的汉字字形信息压缩技术。这一技术可以把汉字的字模缩小到五百分之一，可以让汉字像变魔术似的“跳”进计算机，再精确地“跳”出来复原。在此基础上，王选又发明了一种文字变倍技术，使汉字在计算机里能大能小，能高能矮，能胖能瘦，可隐可现。

王选终于成功了！1979年7月29日，命名为“华光”的汉字激光照排主体工程在北京大学宣告成功。两年后，“华光Ⅰ型”样机通过鉴定。专家们在惊叹中给这一技术下了这样的评语：世界领先，国际先进。1982年6月1日，中国的高分辨率汉字字形信息压缩技术在欧洲登记专利，编号为82302816。之后，“华光Ⅱ型”“华光Ⅲ型”样机也相继研制成功，体积越来越小巧，功能也在逐渐增强。

1987年，王选获得我国印刷界最高奖项——毕昇印刷奖；1991年，他当选为中国科学院学部委员（院士）；1994年，他当选为中国工程院院士；2002年，他获得国家最高科学技术奖……他最大的贡献是使一直进不了照排系统的汉字闯过了“电子龙门”，从而打通了中华民族通往信息时代的阳关大道。人们都夸王选为“当代毕昇”，他是当之无愧的。

6 世界上最高的女人

潘多是我国著名的藏族女登山家，被外国记者称为“世界上最高的女人”。但其实，潘多的个子并不高，人们这么称呼她，是因为她于1975年5月27日同8名男队员一道，勇敢地从北坡登上了我们所在星球的最高点——珠穆朗玛峰峰顶。

1959年，还是拉萨七一农场种菜工人的潘多遇到了前来挑选女子登山队队员的中国登山队。潘多知道我国是一个多山的国家，山峦中的宝藏，等待着人们去开发；大自然的奥秘，等待着人们去探索；许多著名的高峰，等待着人们去征服。她毫不犹豫地报了名，从此走上了另外一条生活轨道。

1960年，王富洲、贡布、屈银华等中国登山英雄征服珠峰的事迹使她深受鼓舞。她暗下决心，有朝一日，也要像他们那样把五星红旗插上世界最高峰。

可是，由于“文化大革命”的干扰，登珠峰的机会姗姗来迟。直到1974年，邓小平同志代表毛主席、党中央批准恢复登山队，并决定1975年再登珠峰时，潘多才得以归队。那时，她已经36岁了，是三个孩子的母亲了。为了实现征服珠峰的宏愿，她加倍刻苦地投入了训练，身体很快就又变得结实而轻盈了。

攀登珠峰的战斗打响了。她和队员们一起，闯过了“白色死神”肆虐的北坳，冲过了使人站不住脚的大风口，翻过了曾经使外国登山家谈之色变的“第一台阶”。但由于种种原因，突击顶峰时，女同志只剩下她一个人了。

横亘在她面前的最后一道险关是“第二台阶”。这是峰顶下的一堵岩石陡壁。它坐落在海拔约8700米的地方，一些外国人说这里“连飞鸟也难越过”。

此刻，潘多正和同组的男队友开始攀登第二台阶。她斜着身子，双脚已经两次离开了梯子，但两次都悬挂在岩壁上，上不去。她镇静了一下，开始第三次攀登。她用嘴咬住主绳，左手抓住尼龙保护绳，右手按住右上方的岩顶，右脚往上方跨出去，全身往上一使劲，终于攀上了第二台阶。接着，她和队友们一起，又攀越了140多米长的冰坡和陡崖，成功登上了令人神往的顶峰！

风在珠峰上怒吼。潘多和队友们用力把国旗举过头顶，展开在空中，让鲜艳的五星红旗在世界最高峰飘扬。

7 青春无悔

叶乔波是我国著名的女子速滑运动员。她上小学的时候，参加学校各项体育比赛总是得第一。她的这种天赋被教练看到了，1976年，年仅12岁的叶乔波正式参军入伍，成为八一速滑队的运动员。1985年，她被正式选入国家队。

当时训练条件十分艰苦，一片湖面或者一条河道都有可能成为训练场地。在一次电视节目中，叶乔波回忆道："差不多都是在零下35摄氏度甚至零下40摄氏度的条件下训练。为了延长训练期,冰刚刚冻上薄薄的一层,我们就开始上冰训练了,滑过的冰面一起一落,就跟波浪一样忽悠忽悠的,很吓人,所以教练都是腰上系一根麻绳,手里拿一根棍子,准备随时去营救掉到冰窟窿里的运动员们。”

尽管如此,叶乔波依然取得了享誉冰坛内外的优异成绩:先后124次参加国内外重大比赛,共夺得133枚奖牌,其中68枚金牌,23项世界冠军,被国际冰坛誉为“冰上500米之王”。她是中国第一个突破女子500米速滑40秒大关的选手,也是第一个荣获世界短距离速滑锦标赛全能冠军的中国人……

一个战功显赫却满身创伤的运动健将,在一般人看来早该“功德圆满,急流勇退”了。但叶乔波没有这样做,她说:“这样退了,我会后悔一辈子!”

叶乔波不能退,她要圆一个梦,一个铆足了劲也要圆的金牌梦:在冬季奥运会上,奏响中国的国歌,升起中国的国旗。

圆梦的时刻终于到了。

1994年2月23日，叶乔波参加第17届冬奥会女子1000米速滑比赛。发令枪打响，叶乔波冲上跑道。猛然间，她觉得左腿膝关节发软，身体失去平衡。这时的叶乔波脑子里一片空白，脚下已没有了感觉，动作完全走了样。

这哪里是在滑冰、在比赛？这是在用年轻的生命奋力冲击、抗争！

记分牌上显示出叶乔波的成绩：第三名。她夺得了一块铜牌。这是一个奇迹，也无比悲壮，震撼了无数中国人。叶乔波用受伤的腿，为中国队夺得了这届冬奥会开幕11天以来的第一枚奖牌。这段记忆虽已久远，但叶乔波精神永远都不会退役。

8 永不后悔的选择

“贾乌德·侯赛因青年科学家奖”又称“国际杰出青年科学家奖”，被认为是国际上表彰青年科学家的最高奖项，素来有“小诺贝尔奖”之称。1991年，年仅30岁的北京大学教授陈章良荣获了这个奖项，也是获得这个大奖的第一位中国人。

陈章良出生在福建省一个贫苦的渔民家庭，9岁才开始读一年级。1978年，他考入了华南热带作物学院。在大学里，陈章良第一次接触到了英语。他学习十分刻苦，5年后，以优异的成绩考取了美国一所大学生物和医学部的研究生，攻读植物分子生物学。在不长的4年时光里，陈章良不仅获得了博士学位，研究也取得了重大突破，成果被国内外专家称为植物分子生物学的里程碑。美国的大学给他颁发了奖学金，美国政府也准备给他提供科研经费。这时，祖国向他发出了召唤，希望他能回国筹建中国第一个植物基因工程实验室。我国驻美大使对他说："国外的科研条件、生活条件都比国内好，我们不会强求你回国的。但是，你如果继续留在美国，国家就要花大量的外汇来购买你在美国开发的技术。"

陈章良深知这些话的分量，毅然地踏上了回国的路途。事后，他在一篇文章里写道："我此生可能有许多愧悔，但我永不后悔的是回国的选择，慈母声声呼唤远游的赤子，我唯有含泪相应。"

回到祖国后，陈章良立即投入到筹建实验室的工作中。300千克重的大型仪器，他和同事们肩担臂扛搬上四楼；电源插座不配套，他们就跑遍北京大小商店去选购；他们甚至要蹬着平板车去买仪器和药品。陈章良干得是那样投入，那样心甘情愿，因为他是在给自己的祖国干哪！

实验室建成了，科研工作开始了。陈章良没日没夜地泡在实验室里，很快便在抗病毒基因工程研究方面取得了突破，多项成果进入了国际先进行列。很多国家都愿意出重金来购买他的研究成果，但陈章良都拒绝了。他说："我之所以要回到祖国，不就是要用自己的成果报效祖国吗？"

祖国、人民乃至世界，都充分肯定了陈章良的成就。26岁，他成为北京大学年轻的副教授；28岁，他成为中国当时最年轻的教授；30岁，联合国教科文组织授予他"国际杰出青年科学家奖"；34岁，他成为北京大学副校长；41岁，他成为中国农业大学的校长；他还入选了美国《时代》周刊"全球100位青年人才"……

陈章良用他的精彩人生诠释着"中国梦"的含义，也成为无数孩子的励志偶像。

9 国旗·祖国·母亲

朱建华是我国著名的男子跳高运动员。上中学时，他就凭借突出的跳高成绩在国内重大比赛中崭露头角了。

1979年，他第一次离开母亲出国比赛，竟情不自禁地哭了。作为一名男子汉，第一次离开母亲就哭鼻子，他觉得怪难为情的。

一年过去了，1980年6月6日，朱建华再次出国，来到意大利都灵参加第四届中学生运动会。这次比赛，他一举跳过了2.19米的高度，夺取了跳高冠军。

在领奖台上，他望着冉冉升起的五星红旗，听着庄严的中华人民共和国国歌，心里无比激动。但也许是这次胜利来得太容易，也许是他还过于单纯，这阵激动只是伴随着几分自豪，还没有带给他那种切肤的深沉感受。

不过，那种切肤的深沉感受朱建华很快就体验到了。在意大利的比赛结束后，他还要转道西班牙，去墨西哥参加比赛。当时教练想得很简单，以为在意大利上飞机有人送，到西班牙机场有人接，朱建华一个人独来独往没问题。于是，这位踌躇满志的17岁少年一个人踏上了征程。

两个小时过去了，他急切地走下飞机，却发现机场里没有人来接他，甚至连一个中国人也没有。后来他才搞清楚，不知是谁把时间弄错了，他竟比通知的时间提前一天到了马德里，难怪没有人来接他。

置身于语言不通的异国他乡，朱建华感到一种难熬的寂寞和孤独。情急之下，他来到候机厅里的一个房间，掏出了自己的护照。

机场的西班牙工作人员看到护照上的中华人民共和国国徽，马上抽出一张纸条，写下了中国大使馆的地址，还帮他叫来了一辆出租车。

出租车在街上拐来拐去，一会儿停了下来。司机探出头，用手朝一幢建筑物指了指。朱建华扭过头一看，在那幢建筑物的上空，正高高地飘扬着一面鲜艳的五星红旗，仿佛在向他招手，在向他呼唤！朱建华不顾一切地向插有五星红旗的中国大使馆奔去，像迷路的孩子投入母亲的怀抱，忍耐多时的眼泪扑簌簌地洒落下来……

这次意外的事件，使他真切地感受到了国旗、祖国、母亲给他的力量。他的心中从此永久地飘扬着一面五星红旗，鼓舞着他勇敢拼搏，再攀高峰。后来，朱建华连续三次打破跳高世界纪录，创造出令世人震惊的佳绩。

10 永不言败的中国女排

中国女子排球队，这是每一个中国人都十分熟悉并为之骄傲的名字。这不仅因为它五次蝉联世界冠军，也不仅因为队伍中曾有“铁榔头”郎平、“天安门城墙”周晓兰等著名运动员，更主要的是它“祖国至上、团结协作、顽强拼搏、永不言败”的伟大精神。

20世纪80年代，中国女排的姑娘们都是20多岁的年轻人，她们有一个共同的心愿，就是要彻底甩掉“东亚病夫”的帽子，把我国的竞技体育搞上去，在世界体坛上升起鲜艳的五星红旗。

但是，世界冠军的领奖台并不是轻而易举就能登上去的。排球运动自1895年由美国人威廉·摩根发起以来，一直是欧美人的强项。后来，“东方魔女”日本女排也曾在世界排坛上称雄一时。高大的美国队、苏联队，防守顽强的日本队、韩国队，“加勒比旋风”古巴队，后起之秀巴西队、秘鲁队……面对一个个强大的对手，中国女排的姑娘们毫无惧色，她们要为祖国的荣誉去拼搏。

1981年11月，第3届世界杯女子排球赛在日本举行。中国女排的拼搏精神终于结出了丰硕的果实：经过7场鏖战，中国女排分别战胜苏联、韩国、古巴、保加利亚、巴西、美国、日本等国女排，以7战7胜的骄人战绩，夺得了冠军。11月16日，这是令中国女排及全中国人民难忘的日子。那天晚上，世界杯排球赛场上，第一次升起了中华人民共和国国旗，第一次奏响了中华人民共和国国歌，中国女排的姑娘们第一次尝到了世界冠军的滋味。她们站在领奖台上，眼里含着喜悦的泪水。从这以后，她们愈战愈勇，又连续获得4个世界冠军，创造了世界女排史上首个五连冠的佳绩。

此后，随着名将们的相继退役，中国女排一度青黄不接。转机发生在2003年。这一年对中国女排来说是一个丰收年。在接连夺得瑞士女排精英赛、世界女排大奖赛、亚洲女排锦标赛等几个国际赛事的冠军后，中国女排在11月于日本举行的第九届女排世界杯中，以11战全胜的姿态勇夺冠军，一扫17年之痒。中国女排在经历了低谷阵痛之后，又重新站在世界之巅，再次向世界宣告：中国女排，回来了！但在荣誉的背后，大大小小的伤病见证了每一位女排姑娘的顽强拼搏，也告诉我们她们是背负着怎样的压力在一直战斗的！

2016年8月20日，五星红旗在巴西里约热内卢的马拉卡纳齐诺体育馆里冉冉升起。这一天，年轻的女排队员们以3比1战胜塞尔维亚队，时隔12年，再次夺得奥运会金牌。随着排球落地，哨声响起，中国女排的姑娘们抱成一团，欢呼雀跃，因为这枚金牌着实来之不易。小组赛2胜3负的战绩让她们险些提前告别奥运赛场。淘汰赛第一轮，她们就遇到了劲敌东道主巴西队，在不被看好的情况下，她们上演了神奇逆袭，3比2击败巴西队。半决赛对阵荷兰，12名女排队员用自己的拼搏换来了再次踏进奥运会决赛的机会，更用旺盛的斗志和对胜利的渴望诠释着顽强拼搏的体育真谛。此后的2019年，郎平带着新一代中国女排在世界杯上成功卫冕。

从1981年到2019年，中国女排先后10次在世界女排三大赛上夺得冠军。这里有五连冠的水到渠成，也有奥运会赛场上的惊天逆转，虽然每一次夺冠的经历不尽相同，但始终有一种感动，叫女排精神，始终有一种骄傲，叫五星红旗。

2019年，感动中国组委会为中国女排写下了这样的颁奖词："三十年拼搏不息，几代人热泪盈眶。在低谷中奋起，从不放弃，面对强敌出手，永不言败。你们的身影是民族性格的缩影，你们的脚步是一个国家成长的历程。奏国歌，升国旗，你们超越了体育，是国家的英雄。"

11 中国机器人

我们经常在电视里看到各种各样的机器人，可是你知道中国第一台全部自主技术的工业机器人是由谁研制出来的吗？这位主设计师叫余达太。

1982年，余达太以13门功课全优的成绩，毕业于日本九州工业大学研究生院，后进入日本一家机器人制造公司工作。这家公司有个惯例，凡是外国人来参观，公司都会专门升起参观者国家的国旗，以示尊重和欢迎。可是，中国代表团来过好几次了，公司却一次也没有升过五星红旗。余达太再三交涉，公司终于给出答复："明天，我们为你这个留学生破例升一次中华人民共和国国旗。以后每月一日，我们都会升一次的，以表示我们对过去失误的歉意和对你的欢迎。"

国旗虽然升起，但在工作中，余达太仍能强烈地感受到日本人对中国人的歧视。一次，一名日本专家竟毫不客气地对余达太说："在15年内，我们不准备和中国进行有关机器人方面的合作，理由很简单，卖给你们，你们也不会用，更谈不上技术合作了。"

这话深深地刺伤了余达太的心。他下定决心：回国去，一定要在祖国的土地上制造出自己的机器人来，让那些小看中国人的人知道，中国人是有志气、有能力的。

余达太回国了，带回了足足24箱东西，里面装的几乎全是有关机器人的书刊资料，那是他用了3年多的积蓄买的。很快，余达太和其他科学家一起组建了机器人研究室，他们一行行、一篇篇认真地研究国外的资料，然后动手设计制造。经过5年的奋斗，中国第一个弧焊工业机器人终于研制成功了！

1987年12月18日，冶金工业部在北京举行鉴定会，鉴定余达太团队研制的弧焊工业机器人。这个机器人非常灵巧，甚至可以拿起一根钢丝，然后准确无误地穿入针鼻。随着机器人一项项功能的演示，与会的中国专家们高兴得鼓起掌来。这个机器人的诞生,表明中国也有了自行设计和制造工业机器人的能力和水平。与会的外国专家也认定,这个中国机器人已达到国际先进水平。

余达太研制机器人的成功,使外国专家不得不对中国人刮目相看了,甚至有人主动找上门来要求合作。但余达太深知,这仅仅是开始,为了祖国的繁荣昌盛,前面的路还很长,他要继续奋斗下去。

如今,在一批又一批科研工作者的共同努力下,中国机器人一次次惊艳世界。无论是国防、航空航天、工业生产等领域,还是服务、医疗康复、教育等领域,甚至在普通的家庭生活中,机器人都大显身手。

中国科研团队研发的自供电软机器人“打卡”马里亚纳海沟,在海平面以下3224米实现了深海航行;新型纳米机器人大小相当于人类头发直径的几千分之一,能在纳米尺度上执行高度复杂的任务;人形机器人具备快速行走、敏捷避障、稳健上下坡、抗冲击干扰等运动功能,能够与人协同完成动作……

2023年的杭州亚运会上,中国机器人一亮相就吸引了无数人的目光。赛场上，小狗造型的四足机器人为运动员和观众表演舞蹈；场馆内，智能服务机器人为国内外朋友当起了导游；在亚运村，机器人可以和运动员打乒乓球，一较高下，也可以演奏钢琴，让优美的旋律环绕四方；在物流中心，巡防机器人、外骨骼穿戴设备等智能化产品保障着物资精准高效流通。

中国机器人，正在全面总动员！

不仅越来越多中国工业机器人制造品牌在国内外市场上崭露头角，在核心零部件研发制造领域，我国科研工作者也在彰显“中国智造”的实力。在之前很长一段时间里，精密减速机一直是我们的一大壁垒，只能用高价从国外进口。别看这个零件小，但在机器人制造中必不可少，是机器人的关键部位。近年来，我们的科研团队持续努力，已经实现了技术攻关，做到了核心零部件的自主可控。

未来已来，随着机器人技术的不断进步，机器人将成为我们生活中的好帮手，这不是科幻情节，而是正在进行时哟！

12 拼搏在南极

文森峰是南极洲的最高峰，海拔约5000米，没有人烟，没有生命。这里夏季气温是零下40摄氏度，冬季气温是零下80摄氏度，历来被探险家们称为“死亡地带”。

为了揭开“死亡地带”的奥秘，1988年底，中美两国组成了联合登山科学考察队。11月25日的清晨，6位科考队员向着南极出发了。

在他们之中，有一位年近50岁的中国地质学家，她叫金庆民，也是科考队中唯一的女性。你千万别小看这位女科学家，这可是她第二次奔赴南极了！

金庆民第一次赴南极考察是在1986年，同样是考察队中唯一的女性。在颠簸了上万海里，穿越了凶险的冰川带后，中国第三次南极考察队成功登上了南极大陆。极端低温、强风、暴雪……南极恶劣的天气向科考队员们发起了挑战，但金庆民和男同志一样，毫无畏惧，早出晚归，奋斗了17天，完成了菲尔德斯半岛南部地区1比10000地质填图，实测了两条长达1653米的剖面，观察地质路线14条、地质观察点171个，采集各类岩石标本365块。就在南极长城站上，金庆民光荣地加入了中国共产党。

时间跳转回1988年，金庆民再赴南极，这一次，她的任务更加艰巨了。

经过艰苦的攀登，登山科考队到达了峰腰，建起一号营地。就在大家准备向峰顶攀登时，金庆民做出了惊人的决定：她要独自留在峰腰，进行地质考察。她心里很清楚，在短短几天里，既要完成登顶，又要进行地质考察，是很难两全其美的，而对她来说，最重要的，是要完成她作为地质科学家的神圣使命。

金庆民说服了同来的伙伴，一个人留了下来，开始了在南极“死亡地带”的拼搏。她背着装有一面微型五星红旗的大背包，左手握着冰镐，右手拿着雪杖，艰难地行进在冰原上，观察岩层结构，取岩样，拍照片，并画出了一幅幅地质剖面图。12月2日，金庆民已经孤身一人在茫茫冰原上拼搏整整4天了。她沿着铁矿露头的走向一路追索，终于在一道山脊上发现了一条长度约20千米,厚度约200米的含铁岩系。她欣喜若狂,中国人在南极发现铁矿了！这不仅填补了文森峰地质学研究的空白,更使中国在研究开发南极资源方面获得了发言权。她激动地把背包里那面微型五星红旗插在矿体上,并在铁矿石上工工整整地写下了一行字:中华人民共和国地质矿产部南京地质矿产研究所金庆民,1988年12月2日20时20分30秒在此发现铁矿。

金庆民带给祖国母亲的,是她在南极采集的40千克重的铁矿石。她说,那不仅是她一个人的勇气和坚持,更是因为,无论她身在何地,总能听到祖国母亲的呼唤。

13 中医药献给世界的礼物

2015年10月5日，瑞典卡罗琳医学院在斯德哥尔摩宣布授与中国女药学家、中国中医科学院研究所首席研究员屠呦呦诺贝尔生理学或医学奖，以表彰其在治疗疟疾的青蒿素研究中的贡献。这是中国科学家凭借在中国本土进行的科学研究而首次获诺贝尔科学奖，也是中国医学界迄今为止获得的最高奖项。

面对荣誉，屠呦呦说："青蒿素是人类征服疟疾进程中的一小步，是中国传统医药献给世界的一份礼物。""这是中医中药走向世界的一项荣誉。它属于科研团队中的每一个人，属于中国科学家群体。"

"呦呦鹿鸣，食野之蒿"，屠呦呦出生的时候，父亲用《诗经》中的词为她取名，没想到女儿从此与"蒿"结缘，这个“蒿”就是青蒿。当时谁也想不到,这种小草会成为人类对抗疟疾的良药。

人类对抗疟疾的药物,最初并非来自青蒿,而是源于另一种叫金鸡纳树的植物。19世纪,法国化学家从金鸡纳树的树皮中分离出抗疟成分奎宁。随后,科学家人工合成了奎宁,又找到了奎宁替代物——氯喹。氯喹药物一度是抗击疟疾的特效药。但第二次世界大战结束后,引发疟疾的疟原虫产生了抗药性,使得全世界100多个国家、2亿多疟疾患者面临无药可治的局面,死亡率急剧增高。

1967年5月23日,一个集中全国科技力量联合研发抗疟新药的大项目——“523项目”正式启动,60多个单位的500名科研人员组成了研发大军。1969年,屠呦呦所在的中医研究院接到“523项目”任务。时年39岁的屠呦呦任科技组组长,开始征服疟疾的艰难历程。

“青蒿一握,以水二升渍,绞取汁,尽服之。”这是东晋葛洪所作《肘后备急方》对青蒿的描述。屠呦呦从系统收集历代医籍、本草、地方药志和名老中医经验入手,汇集了2000多种方药,从中筛选出200多种供再筛选,最后在这里找到了灵感，从而找出了青蒿素。

20世纪70年代，科研条件还比较差，但团队中的每个人都不畏艰辛、勇于担当，夜以继日地工作。为了青蒿提取物尽快上临床，在初步动物安全性评价后，团队成员争相以身试药，从发现青蒿有抗疟苗头到青蒿素首次临床试用只用了两年时间。

所以屠呦呦获奖后说，这样一项科研工作不可能一个人完成，而是有很多研究人员共同参与。今天的荣誉，属于中国科学家群体。

据世界卫生组织不完全统计，青蒿素作为一线抗疟药物，在全世界已挽救数以万计的生命。屠呦呦等中国科学家的成果被国际认可，解决医学难题，也让人们认识到，中医中药是一个宝库，经过继承、创新、发扬，它的精华能更好地被世人认识，能为世界医学做出更大的贡献。

14 一稻济天下

一片金黄色的稻田里，水稻长得有高粱那么高，穗子像扫把那么长，稻谷像花生那么大，一位慈祥的老人脸上洋溢着笑容，正坐在稻穗下乘凉。

这是一位老人曾经做过的梦，他回想起来的时候，会如此感慨："其实我这个梦想的实质，就是水稻高产梦，让人们吃上更多的米饭，永远都不用再饿肚子。"

让人们吃饱饭、不饿肚子，这平常而朴实的愿望，却是这位老人毕生努力的目标。他把水稻比作武器，对手是饥饿。他赢了。

这位老人的名字叫袁隆平。

他皮肤黝黑，穿着朴素，每天在试验田穿梭，查看水稻的长势，和田间千千万万普通劳动者一模一样，怎么看都不像是印象中的科学家。可我国首届国家最高科学技术奖得主是他，世界粮食奖、沃尔夫奖颁给他，习近平总书记向他颁授“共和国勋章”，还有一颗小行星以他命名。

他是杂交水稻研究的开创者，是世界上第一个将水稻的杂交优势成功地应用于生产的科学家，几十年来致力于杂交水稻技术的研究、应用与推广，为我国粮食安全、农业科学发展和世界粮食供给做出巨大贡献。如此伟大的成就可以用一句非常简单的话来概括——让更多的人吃饱了饭。

袁隆平年轻的时候，原本是湖南安江农校的一名普通教师，从事红薯育种研究教学。可20世纪50年代国家粮食短缺，他便把志向转为国家最需要的水稻育种，并设计出培育杂交水稻的整套方案，为杂交水稻发展奠定了基础。

然而，科研的道路漫长，充满了艰难险阻。袁隆平遭遇了无数次失败、质疑和挫折，研究被学术权威反对过，试验田被恶意毁坏过，还多次遭遇减产、绝收，但他从来无心咀嚼失败的苦涩。

“哪有搞科学研究不失败的呢？”“我这是在探索，跌跤就跌跤，我爬起来再干就是了。”袁隆平如此鼓励自己。

他辗转在祖国多地，几乎住在育种基地，卸一块门板，铺一张草席，挂一顶蚊帐，和当地农民睡在一起，每天都下田。

正是因为有了他的带领，中国杂交水稻一直处在全球领先的地位，拥有科研、生产和推广的绝对优势，一次又一次地实现技术飞跃。他不断攀登科研高峰，在三系法杂交水稻研制成功的一片赞扬声中，提出难度更大的两系法杂交水稻研制计划；又在两系法杂交水稻研制成功之后，培育出多期超级稻品种。随后，继续研究兼有三系法和两系法优点的第三代杂交水稻技术……

有人疑惑，他为什么那么执着于种水稻？现在杂交水稻产量已经很高，是不是应当调整指标，降低产量的标准？但是挨过饿，也目睹过路有饿殍的袁隆平，把捧稳饭碗看得比任何事都重要。他还记得20世纪60年代，有人拿着当时市面上面值最大的10元钱想要买一斤粮票，但是买不到。那时就算有钱，也填不饱肚子。所以他在各种场合强调，杂交水稻既要高产，又要优质，但有个前提，不以牺牲产量为代价来求优质。

袁隆平在晚年时，仍然执着地为两个梦想奔跑：禾下乘凉梦和杂交水稻覆盖全球梦。他想，要继续扩大杂交水稻种植面积、推广海水稻，不只在国内，更在世界，让全球的人都吃上饱饭。

2021年5月22日，这位备受尊敬的老人安详地闭上了眼睛。在送别仪式上，袁隆平院士的遗体安卧在鲜花翠柏丛中，身上覆盖着鲜红的中华人民共和国国旗。在袁隆平院士的墓盖四周，环绕着稻穗装饰，墓盖上方端正地摆放着两只盛有稻米的碗，下方写着“愿天下人都有饱饭吃”。而在袁隆平院士遗像背后的巨石上，镌刻着他生前爱说的一句话：“人就像种子，要做一粒好种子。”

15 点燃大山里的灯

“我们经常说，要让每一个孩子拥有公平的起跑线，可这些女孩却连站上起跑线的机会都没有。”

云南省丽江市华坪县民族中学的教师张桂梅心里一阵酸楚。原本青春年少，应该在学校里安静读书、憧憬未来的女孩，读着读着就不见了。她们不是被家里叫回去务农或者打工，就是小小年纪被嫁出去了。

如果能办一所免费的女子高中，不管中考分数高低，只要愿意，女孩们都可以来这里免费读书，考上大学、走出大山，通过知识改变命运，那该多好！张桂梅这个想法，一开始并没有得到大家的支持。她自己身体不好，正在同疾病搏斗，还照顾着华坪县儿童福利院的孩子们……大山里那么多孩子，哪里救得过来？但她还是下定决心，能救一个算一个！

为了这个心愿，张桂梅四处奔走募捐，也曾遭到质疑和冷眼。在延续多年的坚持和努力之下，张桂梅的执着终于迎来了转机。在她当选党的十七大代表去北京参加两会期间，她的故事被一名记者发现，通过媒体传播到了全国。在各级党委政府的关心支持和社会各界爱心人士的共同努力下，2008年9月1日，华坪女子高级中学终于建了起来，首届共招收100名女生。

从建校第一天起，张桂梅就成为最为严厉的校长，给学生们制订了一份把时间“压榨”到极限的作息表：从5点30分起床晨读，到晚上12点20分自习结束睡觉，除了中午有40分钟午休时间，其他时间都要用来上课或自习，连吃饭、洗碗的时间都被严格限定在15分钟以内。

有人批评她搞应试教育、过于严苛，但她说：“我们的学生本来基础就差，头几届绝大多数甚至都没有过中考录取线，老师也没有经验。”“不拿出这样拼的架势，等到孩子们高考坐进同样的考场，做同一份试卷时，怎么和外面条件、基础好的孩子比？”

她不仅对孩子们严苛，对自己也一样严苛。她每天拖着病体，起得比所有人都早，然后到教学楼为胆小的学生开灯。她白天拿着小喇叭催促学生上课、吃饭、自习、做操，晚上睡得比所有学生都晚，张桂梅把所有精力都投在学生身上。她到每一位学生家进行家访，足迹遍布丽江市一区四县，行程十几万千米。她把自己的积蓄都给了家庭有困难的学生，甚至在病危住院期间对前来看望自己的县领导说：“我情况不太好，能不能让民政部门把丧葬费提前给我，我想看着这笔钱用在孩子们身上。”

2021年秋季学期的第一天，华坪女高迎来它的13岁生日。学校举办开学典礼的时候，收到了一份特殊的“生日礼物”：一面由天安门地区管委会赠送的五星红旗——13年前，这所全免费女子高中开学当天，在天安门广场上升起的，正是这面五星红旗。

张桂梅和学生们在五星红旗前上了“开学第一课”——每个人都畅谈自己的理想。有人想当物理学家，有人想当老师，有人想当军医，还有人想成为张桂梅校长这样的人，去帮助更多贫困地区的女孩……

华坪女高从建校至今，本科上线率曾经一度突破99%，超过了不少市重点中学。有2000多名女孩考上大学，走出大山，从事梦想中的职业。

长年累月的过度操劳，张桂梅的身体渐渐不堪重负。2021年，张桂梅获得党内最高荣誉“七一勋章”。当时已年满64岁的张桂梅步履蹒跚，由助手搀扶着走上领奖台，她双手贴满止痛膏药，手指无法完全伸开，还患有肺纤维化、小脑萎缩等20多种疾病。但在颁授仪式上，她说：“只要还有一口气，我就要站在讲台上，倾尽全力、奉献所有，九死亦无悔。”

17岁时，一个女孩跟随姐姐离开家乡黑龙江，从此，几十个春秋在云南悄然消逝。张桂梅从一个青春向上的豆蔻少女成长为现在的“燃灯校长”，她以弱小的身躯，燃烧自己，化作一束光，照亮了大山里女孩的梦想，用知识改变贫困山区女孩的命运，用教育阻断贫困的代际传递。